훅 ———
끌어당기는
콘텐츠
마케팅

훅 ──────
끌어당기는
콘텐츠
마케팅

서준원 지음

**매출과 브랜딩을 생각하는
마케터의 5단계 전략**

아시아

나날이 콘텐츠를 짓는
지혜에 관한 기록

지난 2021년 일본 유명 그래픽디자이너 하라 켄야는 200만 위안(약 3억 4000만 원)을 받고 디자인한 샤오미의 새로운 로고를 발표했습니다. 그런데 그 결과물이 기존 로고와 별 차이 없어 보인다는 평가와 함께 대중의 힐난을 받았습니다. 하라 켄야를 사기꾼으로 몰아가는 기사들도 보였죠. 하지만 실무자들은 알 겁니다. 저 결과물이 만들어지기까지 얼마나 많은 노력을 들여 수많은 회의를 거쳤을지 말이죠. 결과물에는 다 나름의 이유가 있으니까요.

아이디어와 말은 쉽게 떠오르고 뱉을 수 있지만 눈에 보이지 않는 것을 눈에 보이는 것으로 만들어내기 위해서는 수많은 고민을 거듭하고 시행착오를 견뎌내야만 합니다. 그 과정에서 부딪치는 벽과 실패는 외부에서는 잘 보이지 않습니다. 과정은 아주 디테일한 실무들의 총합이며, 시간을 들여 직접 해보기 전까지는 알 수 없는 경험의 영역이기 때문입니다. 그래서 사수가 없는 분이라면 실무가 어렵게만 느껴지기도 하겠다는 생각이 들었습니다. 물어봐도 '느낌적인 느낌'에 가까운 답변이 돌아오기 일쑤일 테고, 이해하더라도 곧장 키보드로 손이 가기는 어렵거든요. 사실, 사수도 알려주자니 답답하고 곤란한 것이 콘텐츠 일입니다. 주관이 강하게 개입하는 분야니까요.

저는 브랜드 콘텐츠를 기획하는 마디터(마케터+에디터)로 9년 넘게 일하면서 '실무의 디테일을 잘 알면 그에 딱 맞는 아이디어를 살린 콘텐츠를 떠올릴 수 있게 된다.'는 사실을 실감했습니다. 돌이켜보니 좋은 아이디어와 결과물은 실무 경험의 디테일에서 나오더군요. 그런 까닭에 작업 과정에서 만나는 고민과 고난이 실무자의 가치를 더욱 높여주는 것 같기도 합니다.

이 책을 쓰는 과정 또한 지난했지만, 많은 것을 배울 수 있었습니다. 제가 어떻게 콘텐츠를 생각하고 만들었는지 적어나가며 스스로 정리할 수 있었기 때문입니다. 이제까지와 앞으로의 내 일에 대해서 말이죠. 좋은 콘텐츠는 뛰어난 아이디어만으로 탄생하지 않습니다. 시작이 순조롭더라도 좋은 결과로 이어지지 않을 수 있습니다. 그럼에도 매일 콘텐츠를 만들어나가는 지혜를 이야기해야겠다는 나름의 다짐도 했습니다.

이 책에는 소셜미디어에서 쉽게 소비되고 잊히는 수많은 콘텐츠, 그중에서도 더 치열한 브랜드 광고 콘텐츠의 이면과 그것을 만들어내는 과정을 담았습니다. 아이디어를 수집하고 떠올리는 방법부터 제작 실무까지 아낌없이 풀어놓았습니다. 제가 이직하면서 남겨두고 온 부사수에게 전하는 편지처럼요. 그래서 아무 데도 물어볼 곳이 없어 콘텐츠 만들기를 버거워하는 분들에게 이 책이 사수 역할을 해주기를 바라는 희망회로도 돌려보고 있습니다.

이 책은 제가 그동안 모아온 실무 기록을 토대로 써내려간 실용서입니다. 과정을 중요하게 여기는 실무자의 시선을 오롯이 따라갔습니다. 일하면서 알게 된 스킬만이 아니라 콘텐츠를 떠올리는 생각과 태도까지 담아보려고 했습니다. 이 이야기를 따라가다 보면 실무자들의 노고를 인정하고 그 창작 과정을 더욱 깊이 이해할 수 있을 겁니다. 여러분이 저처럼 브랜드 콘텐츠를 기획하는 마디터라면, 제 생각과 방법이 만족스런 결과물을 내는 또 하나의 길이 되기를 희망해봅니다. 결과물을 뛰어넘어 과정을 통해 성장하고 발전하는 여러분의 여정에 이 책이 함께하기를 바랍니다.

차 례

1단계 | 아이데이션

성공하는 콘텐츠의 남다른 시작

CONTENTS

경계를 넘나드는 해결사,
마디터

때로는 에디터,
때로는 마케터가 된다.

브랜드 인지도를 높이는 가장 기본이자 필수적인 수단이 '콘텐츠'라는 것은 누구나 알고 있습니다. 문제는 이 콘텐츠를 누군가는 재미없게, 누군가는 솔깃하게 만든다는 점입니다. 브랜드 대부분이 브랜드 채널을 키우기 위해 '누군가에게 도움이 되는 콘텐츠'를 쏟아냅니다. 이때 더러는 브랜드와 별 연관이 없는 콘텐츠에 군이 그 브랜드가 아니어도 될 메시지를 잔뜩 끼워넣기도 합니다. 또는 지나치게 브랜드를 드러내서 광고라면 거부감부터 일으키는 사람들에게 맥없이 잊힙니다.

　바람직하지 않은 일이죠. 마케팅을 위해 사람들에게 거부감을 주지 않고 이왕이면 호감을 살 만한 콘텐츠를 만들어내야 하는 임무. 이 소임을 다하려면 마케터처럼 브랜드의 특장점을 파악한 다음 데이터에 기반해 브랜드 타깃이 좋아할 만한 소재를 골라내는 안목을 갖춰야 하고, 콘셉트에 따라 적절한 사진, 영상, 카피로 콘텐츠 전반을 조율하고 제작하는 에디터의 역량이 필요합니다. 그래서 현장에서는 콘텐츠 마케터를 가리켜 마케터와 에디터를 합쳤다 하여 '마디터'라고 농담조로 부르곤 합니다. 에디터와 마케터의 장점을 두루 갖춘 이들은 브랜드가 탐내는 자원이지요.

경계가 무너지기 때문에

마케터는 마케팅 계획을 짜고 에디터가 마케팅 콘텐츠 소재를 기획하듯이 맡은 업무가 똑 떨어지면 참 좋겠지만, 혼자서 다 하지 않더라도 마케팅과 콘텐츠 두 분야의 감각을 고루 발휘해서 종합적으로 판단해야 하는 상황이 점차 늘고 있습니다.

특히 광고비가 제한된 환경에서 마케터가 느낌과 감에 의지하기보다 데이터를 토대로 타깃에 적절한 콘텐츠를 구상해야 할 때도 그렇고, 콘텐츠에서 브랜드가 제 할 말만 늘어놓아서 광고처럼 보이지 않게 해야할 때도 그렇습니다. 그래서 마케터는 알맞은 광고 소재를 고민하면서 브랜드가 알리고 싶은 메시지를 고객이 듣고 싶은 방향으로 전하거나 고객의 결핍을 자극해서 행동으로 연결할 수 있도록 콘텐츠를 만들어야 하죠. 생각해보면 독자를 유혹해서 행동을 끌어내는 건 에디터나 카피라이터의 역할과 같습니다. 좋은 마케터는 능력 있는 에디터가 될 수 있고, 뛰어난 에디터는 마케터처럼 생각하며 콘텐츠를 만듭니다.

텍스트가 들어가는 모든 콘텐츠에 개입하는 해결사 ● ●

콘텐츠 마케터는 마케팅에 활용할 콘텐츠를 기획할 때 브랜드를 꼼꼼하게 이해한 다음 마케팅에 효과적인 표현은 강조하고 위험한 문구는 배제하며 브랜드 내부 용어를 고객이 쉽게 이해할 수 있는 언어로 풀어서 표현하는 해결사 역할을 합니다. 가장 콘텐츠 마케터의 능력이 빛나는 순간은 피해야 할 문안을 가려 쓰면서 콘텐츠 자체는 잘 만들어낼 때입니다.

브랜드 콘텐츠에는 업종마다 꺼리는 단어가 있습니다. 예컨대 자동차 브랜드에는 폭발, 멈춤, 급발진처럼 제품의 오류를 떠올릴 만한 단어를 사용하지 않습니다. 비슷한 뉘앙스조차 흘리지 않습니다. "멋이 폭발했다"와 같은 밈에서는 '폭발'이 실제로 일어난 사고가 아닌 '멋'을 강조하는 표현일 뿐이지만, 가전기기나 자동차 브랜드에서는 폭발 사고를 연상하게 만드니까요. 주류나 건강기능식품 브랜드 콘텐츠에도 법률상 유의해야 하는 표현 기준이 있습니다. 음주가 정신건강에 도움을 준다든지, 영양제를 의약품으로 오인할 만한 문구를 법적으로 엄격히 규제하기 때문입니다.

고객을 겨냥해서 카피를 작성할 때는 부정적인 의미를 에둘러 표현해야 합니다. "잠시만 기다리십시오"와 "이것만 처리하고 바로 도와드리겠습니다"는 의미가 같은 문장이지만, 상대방에게 달리 읽힙니다. 이런 문구는 긍정적인 고객경험을 위해 브랜드에서 추구하는 언어행위인데요. 전문용어로 'UX카피라이팅'이라고 합니다. 이렇게 브랜드가 고객에게 직접 가닿는 상황에서 고객의 눈으로 문장이나 표현을 생각하고 읽고 이해하기 쉽도록 풀어내는 일 역시 마케터와 에디터의 능력을 겸비한 콘텐츠 마케터의 역할인 셈입니다.

콘텐츠를 잘 만들면
마케팅이 될까?

제대로 알고 시작해야
나만의 스타일을 만들 수 있다.

강의나 컨설팅 자리에서 '콘텐츠 마케팅'을 언급하면 이런 질문이 뒤따라 나오곤 합니다.

"콘텐츠 마케팅이라면 콘텐츠로 마케팅을 한다는 건가요?"

좀 이상하긴 한데, 맞습니다. 콘텐츠 마케팅은 콘텐츠로 마케팅을 하는 거죠. 우리는 머릿속으로 이 말이 대략 무슨 뜻인지 압니다. 하지만 콘텐츠 마케팅을 실행할 방법을 상세하게 물어보면 어설픈 답변이 돌아오곤 합니다. 이렇게요.

"콘텐츠를 제대로 만들면 마케팅도 잘되겠죠. 그게 콘텐츠 마케팅 아닌가요?"

그렇긴 한데, 이상하게 여러분도 찜찜한 기분이 들었다면 아마 이 답변이 구체적이지 않고 행동 계획도 없어서 답답했기 때문일 겁니다.

흰 종이 위에 쓰인 검은 기호일 뿐인데, 단어는 저마다 의미는 물론 범위, 온도, 깊이까지 다릅니다(이런 지점을 짚어내면 카피라이터가 되는 거죠). '콘텐츠'와 '마케팅'이란 단어는 이를테면 '우주'라는 말과 쓰임새가 같습니다. 매우 넓은 범위를 대표하기 때문이에요. 하위 개념이 세세하게 있지만, 대표하는 단어만으로 모든 것을 설명하게끔 만들었죠. 마케팅도 방법이 다양하고 콘텐츠도 다채로운데, 포괄적 의미의 단어끼리 만났으니 콘텐츠 마케팅은 어려울 수밖에 없습니다. 그래서 '콘텐츠로 마케팅을 한다'나 '좋은 콘텐츠로 마케팅을 할 수 있다'는 문구는 조금 바꿔서 이해하면 좋을 것 같습니다. 콘텐츠는 살아 움직이는 우리 분신과 같기에, '콘텐츠가 마케팅을 한다'고 표현하는 것이 옳습니다. 콘텐츠는 우리 분신이 되어 이곳저곳을 다니며 사람들 시선을 빼앗고, 마음을 움직여서 마침내 굳게 닫힌 고객의 지갑까지 열어젖힙니다.

그러려면 뿌옇게 안개 낀 머릿속에 있는 콘텐츠, 마케팅, 광고 같은 단어부터 정확하게 이해하고 가야겠죠. 콘텐츠는 정확하고 섬세한 단어 사용이 결과를 좌우하니까 말입니다. 단어 공부인가, 하고 하품이 나왔다면 안심하세요. 국어사전을 펼쳐놓고 단어의 깊이, 온도, 용례를 소개하기에는 여러분이 무척 바쁘다는 걸 잘 아니까요. 그래서 마케팅과 광고 콘텐츠부터 간단하게 구분하겠습니다.

마케팅의 정의를 찾아보면 이렇습니다. '브랜드가 상품을 판매하기 위한 모든 체계적인 활동.' 그래서 마케팅은 항상 KPI^{Key Performance} ^{Indicator, 핵심성과지표} 와 KPI를 달성하기 위한 방향을 담고 있습니다. 이런 마케팅의 방향을 '전략'이라고 합니다. 마케팅 전략은 대단히 멋지고 상세하며 큰 예산이 들지만 한 문장으로 요약하면 이렇습니다.

'우리 제품을 어디에 어떻게 노출해서 매출을 높인다.'

즉 '어디에 어떻게'를 결정하는 것이 마케팅 '전략'을 실행하는 영역입니다.

어디에?

마케팅을 전개할 장소를 결정하는 단계서부터 마케팅은 출발합니다. 장소에 맞춰 전략을 짜야 하니까요. 광고업계에서는 '고객과 대면하는가'를 기준으로 장소를 나눕니다. 쉽게 말해 마케팅 무대가 온라인이냐 오프라인이냐에 따라 마케팅 전략을 다르게 구분하고 활용합니다.

오프라인에서 펼치는 마케팅은 BTL^{Below the Line}, 온라인 마케팅은 ATL^{Above the Line}이라고 합니다. 그래서 제품 샘플링이나 판촉행사처럼 대면 마케팅은 BTL, 소셜미디어와 티브이를 이용하는 비대면 마케팅은 모두 ATL로 구분합니다. 이 책에서 주로 다룰 소셜미디어 콘텐츠 마케팅은 비대면 마케팅이기 때문에 ATL에 해당합니다.

어떻게?　　　　　　　　　　　　　　　● ●

마케팅을 '어디서' 할지 결정했다면, 이제 '콘텐츠'를 채워넣어야 합니다. 콘텐츠는 특정한 정보를 글귀, 이미지, 영상 등에 담아낸 표현방식을 하위체계로 둔 포괄적 단어입니다. 그래서 마케팅을 위한 콘텐츠를 만든다고만 하면 '뭘 어떻게 만든다는 거지?' 의구심이 들 만큼 구체적이지 않습니다. '콘텐츠'는 마케팅의 방향과 전략에 따라 광고 메시지를 담은 표현방식이기 때문에 마케팅을 위한 콘텐츠는 목적과 방법이 구체적이어야 합니다. 흔히 마케팅 콘텐츠는 브랜딩 콘텐츠과 세일즈 콘텐츠로 나눕니다. 브랜딩 콘텐츠는 브랜딩을 위해 제품보다는 브랜드의 철학, 일, 구성원 등을 언급하며 브랜드 자체에 호감을 불러일으켜서 매출로 이어지게끔 하는 데 목적이 있습니다. 세일즈 콘텐츠는 말 그대로 제품 판매를 최우선에 두고 정보를 전달하는 콘텐츠입니다. 예를 들어 할인 소식을 알려야 한다면 '할인 몇 퍼센트'라는 카피를 중심으로 할인 내용을 직관적으로 보여줄 수 있는 판촉 콘텐츠를 만들어야 합니다. 그러나 제품이나 브랜드의 브랜딩이 목적이라면 단순 판촉보다는 스토리텔링을 활용한 콘텐츠로 접근해야 합니다. 결국 마케팅 영역에서 (광고) 콘텐츠란 광고하고 싶은 메시지의 방향을 담아낸 글귀, 이미지, 영상 등을 모두 아우릅니다. 목적, 방향성, 시간, 예산에 따라 선택하는 거죠.

　이제 방금 설명한 내용을 토대로 '콘텐츠 마케팅'을 정리해봅시다.

'콘텐츠 마케팅'이란 글귀, 이미지, 영상처럼 콘텐츠를 표현하는 방식 중 하나를 선택해서 마케팅 수단으로 사용하는 활동입니다. 브랜드마다 마케팅 전략이 다를 테고, 방향도 제각각일 겁니다. 그에 따라 콘텐츠 형태도 달라지겠죠. 이를 전문용어로는 '브랜드 콘텐츠'라고 합니다. 브랜드라는 단어가 붙은 만큼 '브랜드가 만들고 발행하는 모든 광고 콘텐츠'를 가리킵니다. 당연히, 브랜드 콘텐츠는 주로 고객이 보고 싶은 내용에 제품이 자연스럽게 녹아드는 방향으로 구성합니다.

대개 마케팅도 콘텐츠도 제대로 실행하지 못하는 이유는 마케팅에 걸맞은 콘텐츠를 기획하지 못하기 때문입니다. 마케팅의 방향이 명확하면, 그에 맞춰 콘셉트와 테마를 잡고 콘텐츠를 구상합니다. 하지만 마음이 급하거나 잘 몰라서, 잘나가는 남의 마케팅을 따라 하고 싶어서 등의 이유로 우리는 마케팅에 어울리지 않는 콘텐츠를 대량생산하고 맙니다. 결국 플랫폼에 맞춘 규격에 매인 채 하고 싶은 말만 덕지덕지 붙인 판촉 콘텐츠를 기획하고 게시합니다. 덕분에 매출이 오를 수는 있어도 콘텐츠 마케팅을 제대로 펼쳤다고 말하기는 어렵습니다. 콘텐츠 마케팅을 잘해내려면 무엇을 어떻게 해야 할까요? 아, 우선 이 표현부터 바꿔야겠습니다. '콘텐츠 마케팅을 잘한다'가 아니라 '마케팅에 걸맞은 콘텐츠를 잘 만든다'라고 말이죠.

세일즈와 브랜딩,
멀고도 가까운 사이

마음이 조급하다고
마케팅이 되는 건 아니다.

콘텐츠 마케팅을 컨설팅하러 갈 때가 종종 있습니다. 가벼운 마음으로 웃으며 나가지만 언제나 무거운 고민을 안고 돌아옵니다. 대개 콘텐츠 마케팅으로 브랜딩도 하고 당장 매출도 올리고 싶어 하기 때문입니다. 기업은 이윤을 창출하려고 마케팅에 나서는 터라 당연한 바람이긴 합니다만, 당장의 매출과 브랜딩 사이에서 고객과 소비자를 다 만족시키려고 들다 보면 아슬아슬하게 외줄을 타는 것만 같습니다. 문득 이렇게 유독 마케팅에 만능을 요구하는 이유를 생각해봤습니다. 아마도 어쩌다 브랜딩과 세일즈에서 동시에 성과를 낸 사례가 있는 모양입니다. 사실 마케팅이라고 뭐든 하면 브랜딩도 세일즈도 다 됩니다. 살짝 행운을 곁들인다면 말이죠.

　브랜딩과 매출에서 다 만족할 만한 콘텐츠 마케팅이 가능할까 생각하다 보니, 이런 질문을 받은 기억이 납니다. "마케팅의 기본이 뭐라고 생각하십니까?" 본질을 꿰뚫는 질문은 항상 어렵다는 것을 새삼 깨닫는 계기가 되었죠. 그때 고민해보고 메일로 회신하겠다고 답변했는데, 끝내 못 했습니다. 바쁘기도 했고, 마케팅의 기본에 대해 저 스스로도 꽤 많은 고민과 공부가 필요했기 때문입니다. 물론 마케팅의 기본을 두고 사전적 정의를 언급하려는 건 아닙니다. '기본'에는 마음가짐이라는 속뜻이 담겼으니, 콘텐츠 마케팅의 기본을 꺼낸 질문은 결국 콘텐츠로 마케팅을 전개하는 사람의 마음가짐을 둘러싼 심도 깊은 물음인 셈이죠.

　마케팅의 기본은 의도한 시점에 의도한 사람들을 의도한 행동으로 이끄는 계획이며 수단입니다. 마케팅은 이 기본에서 큰 목표를 위한 전략을 세우고 그에 대한 세부적인 실행으로 전개됩니다. 우리는 자연스럽게 마케팅에 유리한 시점을 고려합니다. 그 시점의 기준을 잡으면 마케팅을 전개하기에 가장 좋은 타이밍을 고르죠. 곧이어 타깃으로 설정한 고객의 취향을 찾아보고 연구하며 공감대를 쌓아갑니다. 대중을 겨냥한 거대한 광고 프로젝트보다는 우리 브랜드의 메시지에 감응하고 구매할 가능성이 있는 사람을 솎아내는 과정이지요. 그리고 나서 부연 설명이나 독려를 하지 않아도 우리 의도대로 행동할 수밖에 없도록 차근차근 과정을 설계해 마케팅 계획을 완성합니다. 결국 마케팅의 기본이란 유리한 시점, 적합한 타깃, 우호적인 감정을 구매로 연결하는 계획입니다. 물론 뛰어난 마케터는 이런 과정에서 시행착오를 줄입니다.

콘텐츠 마케팅의 기본도 마찬가지입니다. '의도한 시점'에 '의도한 사람들'을 '의도한 행동'으로 이끄는 콘텐츠를 만들면 됩니다. 다만, 브랜드 콘텐츠에서 판매를 독려하는 요소가 아예 빠질 수는 없습니다. 그렇다고 브랜딩을 빼고 판촉물을 구성해서도 안 되겠죠.

그래서 브랜딩과 세일즈의 비중에 따라 콘텐츠 마케팅의 기획 방향이 달라집니다. 매출을 극대화하는 방식을 선택하면 구매를 독려하는 메시지를 부각해서 고객이 행동하도록 유도하는 콘텐츠를 주로 만듭니다. 브랜딩을 선택하면 제품과 브랜드를 콘텐츠 소재로 활용해서 콘텐츠를 본 고객과 소통하며 긍정적으로 각인되도록 적극 노력할 겁니다. 사실, 정답은 없습니다. 현장에서도 많은 콘텐츠 마케터가 세일즈 콘텐츠와 브랜딩 콘텐츠를 동시에 기획하니까요.

다만, 유념할 점이 있습니다. 소통방식에 따라 성과를 거두는 시간이 다릅니다. 세일즈 콘텐츠는 당장 매출을 올릴 수 있습니다. 퍼포먼스가 극단적이라면 투자한 광고비에 비해 많은 매출과 이익을 기록할 수 있겠죠. 짧은 시간에 큰 비용을 들여 적절한 성과를 낸다는 의도는 물론 바람직합니다. 하지만 브랜딩에서는 그리 좋은 성과를 얻지 못할 가능성이 큽니다. 고객 머릿속에는 구매에 얽힌 이미지만 남을 테니까요. 할인이 잦은 브랜드라면 할인 기간에만 매출이 반짝 상승할 테니, 독이 든 성배일 수밖에 없습니다.

브랜딩을 위한 콘텐츠 마케팅은 상대적으로 시간이 많이 필요합니다. 당장의 매출이 아닌 브랜드의 언어를 고객 머릿속에 긍정적으로 심는 반복 과정이기 때문입니다. 고객은 브랜드 광고에 우호적이지 않기 때문에 시간이 오래 걸릴뿐더러, 성과 측정치도 여러 KPI 수치를 만족시킬 뿐 잠재고객의 증가분은 정확하게 제시하지 못합니다. 그래서 브랜딩 콘텐츠 마케팅을 꾸준히 하다 보면 한 번쯤 이런 말을 듣습니다.

"그래서 매출에 도움은 돼?"

여기에 어떻게 대답하면 좋을까요?

"그래서 매출에 도움은 돼?"라는
질문에 답하는 법

예산은 부족하고 할 일은 많은 마케팅 세상에서
콘텐츠 마케팅만 한 건 없다.

콘텐츠 마케터라면 "그래서 매출에 도움은 돼?"라는 질문 앞에서 합리적인 답변을 내놓을 줄 알아야 합니다. 그렇지 못하면, 브랜딩이나 세일즈에는 별반 도움이 안 되는 활동을 애써 하는 건지도 모르니까요. 저는 매출에 도움이 되냐는 질문을 '예산을 투입한 결과 어떤 부문에서 향상이 기대되느냐'는 뜻으로 번역해서 듣습니다. 마케팅은 매출을 일으키기 위한 모든 활동을 아우를 뿐, 매출로 직결되는 부분을 증명할 만큼 딱 떨어지는 결과물을 내놓지는 않습니다. 특히, 콘텐츠 마케팅으로 얻는 이점을 눈에 보이게끔 증명하고 확인하기란 쉽지 않습니다. 그래서 늘 콘텐츠 마케팅은 당장 매출이 시급한 브랜드에겐 빛 좋은 개살구로 비칩니다. 오해죠. 콘텐츠 마케팅은 매출 증대라는 최종 목표를 위해 다른 마케팅보다 먼저 들어가야 합니다. 콘텐츠 마케팅은 구매 퍼널funnel 4단계 중 첫 번째인 '인지'를 위한 활동이고 고객이 좋은 이미지로 인지한다는 건 고객의 환심을 샀다는 뜻이기 때문입니다.

마케팅은 궁극에는 매출을 위해 고객의 환심을 얻는 과정이라고 생각합니다. 그래서 고객의 환심을 끌 만큼 콘텐츠를 잘 만들면 매출 증대에도 한몫한다고 믿습니다. 실제로 재미있다고 알려진 브랜드의 콘텐츠를 소비하는 '펀슈머 트렌드' 시기에는 소셜미디어의 모든 콘텐츠가 서로 웃기며 재미를 주려고 혈안이 되었죠. 지금은 오리지널 콘텐츠 트렌드를 맞아 마케터들이 피피엘PPL이나 브랜드 콘텐츠를 활용해서 직간접으로 브랜드 비즈니스를 확장합니다. 다만, 콘텐츠 마케팅은 누구나 할 수 있는 활동인데도 성과를 거두는 사람이 있는가 하면 그렇지 않은 사례도 있습니다. 아무나 할 수는 있지만, 콘텐츠를 잘 만들어야만 의미 있는 결과를 낼 수 있기 때문입니다. 콘텐츠 마케팅은 '누구나 할 수 있지만, 아무나 만들 수 없는' 콘텐츠로 판가름 나기에 어려울 수밖에 없다는 생각이 들기도 합니다.

그렇다면 아무나 못 하는 마케팅을 위한 콘텐츠는 어떻게 기획할까요? 명쾌하게 답변을 드리면 좋을 텐데, 콘텐츠 마케팅은 범위가 무척 넓어서 요소가 정말 많습니다. 하지만 적어도 소셜미디어에서만큼은 명확해진 것 같습니다.

① 콘텐츠에서 브랜드의 목소리는 지향 정도로만 드러나야 한다.

② 독자들과 만남을 적절히 이어가야 한다.

③ 채널 소비자가 콘텐츠의 새로운 모습을 콘텐츠로 즐길 수 있어야 한다.

④ 소비자가 스스로 참여할 수 있는 영역이 있어야 한다.

⑤ 마케터 눈에 띄어야 한다.

소셜미디어 콘텐츠 마케팅을 컨설팅할 때마다 제가 중요하게 여기는 내용입니다. 이 다섯 가지를 콘텐츠와 운영전략에 잘 반영할수록 브랜드의 소셜미디어 채널은 '우리가 원해서 운영하는 채널'에서 '독자와 소통하는 마케팅 채널'로 거듭날 수 있습니다.

제 생각에는 그중에서도 독자들이 소비하기 좋은 콘텐츠를 만들수록 소셜미디어에서 성공가도를 달릴 확률이 높습니다. 소셜미디어를 잘 운영하는 브랜드가 되었다고 생각해보세요. 영감이 솟고 뭔가 하고 싶어 손가락이 간질거린다면 일단 동기부여는 잘된 것 같습니다. 문제는 결국 실무입니다. 누구나 할 수 있는 소셜미디어에서 아무나 만들지 못하는 내용으로 격차를 벌리는 콘텐츠를 기획하는 작업은 꽤 수고로운 일입니다. 브랜드 소셜미디어를 잘 운영하는지 아닌지를 가르는 건 대체 뭘까요? 머릿속에 ㅋ으로 시작하는 단어가 떠올랐다면, 정답입니다.

바로, 콘셉트입니다.

콘텐츠 구성의
3요소

콘셉트를 이야기하기 전에
알아야만 하는 구성요소

"콘텐츠를 공감 가고 재미있게 좀 만들어봐!"

어디서 많이 들어본 이야기죠? 여러분도 저와 생각이 같을 겁니다. '말이 쉽지!' 하지만 우리는 그렇게 콘텐츠를 만들어내야만 하는 사람들이기에, 푸념만 하고 있을 수는 없습니다. 다행히, '브랜드가 전하는 내용(정보)을 공감 가고 재미있게 만들라'는 요청이 곧 해답입니다. 이제 우리는 그렇게 콘텐츠를 만들어낼 방법을 알아내면 됩니다.

콘텐츠는 정보, 공감, 재미, 이렇게 3요소로 구성됩니다. 요소가 하나씩만 있어도 콘텐츠를 만들 수 있습니다. 정보만 담은 콘텐츠는 정보가 중심이어서 공감대나 재미를 고려하지 않을 테고요. 별 도움은 안 되지만, 진한 공감을 부르거나 그냥 웃기기만 한 콘텐츠를 만들 수도 있겠죠. 그러나 한 가지 요소만 충족하는 콘텐츠는 브랜드 콘텐츠로서 아쉬운 점이 많습니다. 정보, 공감, 재미를 모두 만족할수록 브랜드 콘텐츠의 완성도가 치솟거든요.

공감을 얻으려면 모두가 아는 맥락에서 '맞아, 나도 이런 생각을 해봤어, 행동해봤지'라고 맞장구칠 만한 이야기를 하면 됩니다. 재미는 표현 영역이므로 사람들이 즐거움을 느끼는 여러 요소 중 하나를 채우면 됩니다. 읽는 맛이건 웃긴 영상이건 재미 요소는 아주 다양하죠. 그러나 구성요소를 하나씩만 강조하면 좋은 콘텐츠라고 할 수 없습니다. 사람들이 콘텐츠를 소비하더라도 뇌리에 남지 않기 때문이에요.

소비자 머릿속에 브랜드 이미지를 긍정적으로 심을 수 있는 콘텐츠를 만들어야 합니다. 이 지점이 브랜드 콘텐츠 기획자의 책무죠. 그래서 요소를 한 가지만 부각해서는 안 됩니다. 3요소가 고루 어우러져야 합니다. 그런데 이 3요소를 연결하는 작업을 어려워하는 사람이 많습니다. 이 부분을 좀 더 설명해야겠군요.

일단 브랜드 소셜미디어에서 정보 요소는 우리가 브랜드 콘텐츠 기획자이기에 늘 담아냅니다. 브랜드에는 제품, 홍보할 메시지, 브랜드 이슈 들이 항상 있잖아요. 이 얘깃거리가 바로 우리가 다뤄야 할 정보입니다. 정보는 브랜드에서 하고 싶은 이야기와 밀접하게 얽힙니다.

대개 이야기는 누군가에게 가닿는 방향성이 있습니다. 메시지 내용에 따라 세대, 성별, 사회적 위치 등을 구분해서 타깃을 결정하죠. 브랜드에서 정보를 보여주고 싶은 타깃을 결정하면 그들이 좋아할 만한 이야기를 해야겠죠? 타깃을 유혹해서 우리 콘텐츠를 보게 해야 합니다. 그렇다면 콘텐츠 기획에서 공감 요소란 정보를 보여줄 타깃을 결정해서 그들이 좋아할 만한 이야기를 구성하는 작업을 말합니다. 결국, 공감은 정보를 대상이 반응할 만한 이야기로 발전시키는 단계라고 할 수 있습니다.

예컨대 수능을 준비하는 학생에게 아파트 분양권 이야기를 하면 어떨까요? 도통 관심이 없을 겁니다. 수능 이야기를 한다면요? 당장 본인에게 필요한 주제이니 관심을 기울일 겁니다. 세대마다 공감대를 형성하는 핵심어는 따로 있습니다. 그래서 핵심어와 이야기로 공감대를 형성할 수 있게끔 보유한 정보를 대상이 공감할 만한 이야기로 구성하면 됩니다. 사실 여기까지만 잘 만들어도 좋은 콘텐츠라고 할 수 있습니다. 그렇다면 재미 요소는 어떻게 해야 할까요?

'재미'를 거론하면 아마도 다들 생각이 다를 겁니다. 재미가 매우 주관적인 영역에 속하기 때문입니다. 재미라는 표현을 간혹 '웃기다'로 해석하는데요. 여러분도 알다시피 재미가 꼭 웃기는 것만 의미하지는 않습니다. 진지한데 공감 가는 이야기, 재치 있는 표현, 밈처럼 우리가 일상에서 마주치는 콘텐츠에서 재미를 느끼는 지점은 주로 표현에 달렸습니다. 단연코 재미는 표현 영역입니다. 제대로 표현하는 능력이 재미있는 콘텐츠를 만들어내는 관건이죠. 요리에 비유하면 조미료 영역인 셈입니다.

우리가 교복 브랜드의 콘텐츠를 짜야 하는 마케터라고 가정해봅시다. 교복이 소재이지만, 타깃은 구매력 있는 학부모 또는 교복을 선정하는 교사입니다. 여기에 대고 소셜미디어 콘텐츠인데다 십 대와 관련된 소재라고 해서 '어쩔티비~저쩔교복~' 같은 밈 표현을 쓴다면 어떨까요? 십 대는 반응하겠지만, 콘텐츠의 주요 타깃은 흥미가 없을 겁니다. 눈길조차 안 줄 수도 있죠. 결국, 콘텐츠에서 '표현'은 그저 웃기려는 노력이 아닙니다. 정보 대상의 눈높이에 맞춰 그들이 좋아할 만한 요소를 생각하고 반영하는 과정입니다. 그렇게 재미 요소를 잘 살린 콘텐츠가 되는 거죠. 따라서 재미 요소는 '타깃에 걸맞은 표현을 쓰는 작업'이라고 요약할 수 있습니다. 정리하면 다음과 같습니다.

① 정보는 소재, 즉 브랜드가 판매하려는 무언가다.

② 정보에는 타깃이 있다.

③ 공감은 타깃에 맞춰 공감대를 끌어내는 이야기를 마련하는 과정이다.

④ 표현은 공감대를 겨냥해서 이야기를 타깃이 선호하는 언어로 풀어내는 작업이다.

콘셉트, 주제, 테마는
무엇이 다를까

메시지, 이름은 하나인데 별명은 서너 개?
소재, 주제, 콘셉트, 테마를 구분해야 한다.

콘텐츠를 기획할 때면 소재, 주제, 콘셉트, 테마라는 단어를 만나곤 합니다. 익숙하지만 어렴풋해서 실무를 해봐야만 제대로 이해할 수 있는 용어들이죠. 그래서 다섯 가지로 구분해 간략히 정리해보겠습니다.

먼저, 소재입니다. 콘텐츠에서 보여줘야 하는 정보나 아이템입니다. 두 번째는 타깃입니다. 콘텐츠로 반응을 끌어내야 하는 대상인 주요 독자입니다. 앞서 설명했듯이 대개 소재는 타깃이 있습니다. 세 번째는 메시지입니다. 소재를 타깃에 전달하기 위해 사용한 문장과 소재 자체가 이미 메시지일 때도 있습니다. 흔히 대상이나 아이디어의 개념 또는 주제를 말하죠.

다음은 테마입니다. 테마를 이야기하기 전에 먼저 주제를 짚고 넘어가겠습니다. 주제는 콘텐츠에서 다루는 중심 아이디어나 내용입니다. 한 문장으로 '메시지'라고도 할 수 있는데요. 작품 전체를 일관되게 풀어가는 기준이죠. 대개 주제는 사랑, 성장, 직장인의 애환 등 콘텐츠 시리즈가 일맥상통하도록 추상적인 개념으로 잡습니다. 주로 관념적이고, 텍스트로 적어서 마련하는 내용이에요. 테마는 작품 분위기, 스타일, 시각 요소 등을 가리킵니다. 콘텐츠에 특정 분위기를 연출하기 위한 장치죠. 예를 들면 '고요한 자연', '차가운 도시생활', '연보랏빛 노을이 지는 한강' 등이 테마입니다. 작품의 시각적 표현인 색상뿐 아니라 문체도 테마에 들어갑니다.

마지막으로 콘셉트입니다. 이른바 작품의 핵심 아이디어죠. 콘텐츠를 이끌어갈 형식과 어조 전반을 둘러싼 아이디어기에 콘텐츠를 풀어가는 시작점이라고도 할 수 있어요. 콘텐츠에서 전달하려는 메시지를 구체화하고 표현하는 영역에서 작동하는 개념입니다. 콘셉트를 정하면 곧이어 테마도 잡히기 때문에 연동되는 개념이기도 하죠. 만일 콘셉트가 '거짓 없는 세상'이라면, 그 세상을 표현하는 방법을 궁리하는 작업이 '테마' 영역입니다.

간단히 말하면 콘셉트는 작품의 핵심 아이디어고, 테마는 작품 분위기를 형성하는 요소들의 조합입니다. 대개 콘셉트는 추상적이고 개념적이지만, 테마는 구체적이고 시각적입니다.

간단한 듯 보여도 그렇지 않을 겁니다. 정의를 설명했을 뿐이니까요.

소재부터 콘셉트까지 저마다 역할, 위치, 활용법을 상세히 알아야 실무에 활용할 수 있습니다. 그래서 콘텐츠를 기획할 때 작동원리를 이해해야 합니다. 소재부터 테마까지 네 단계의 발전 흐름과 상하관계를 파악하고, 각 단계에서 거쳐야만 하는 일들을 해내는 과정이죠.

콘텐츠를 기획할 때 정보에 해당하는 소재와 타깃을 가장 먼저 확인해야 합니다. 소재가 있으면 당연히 타깃도 있습니다. 소재와 타깃을 결정하면, 브랜드에서 전달하려는 내용을 한 문장으로 적습니다. 바로, 주제(메시지)인데요. 콘텐츠에서 가장 중요합니다. 콘텐츠와 메시지는 일대일로 대응하니까요. 잘 만든 콘텐츠 하나에는 뚜렷한 메시지가 하나 있습니다. 콘텐츠에 메시지를 많이 집어넣으면 '무슨 말을 하려는지 사람들이 알아차릴 수 없는 콘텐츠'가 됩니다. 메시지는 한 문장에 하나만 명확하게 가져가세요. 메시지를 그럴듯하게 구상했다면, 이제 돋보이게 꾸며야 합니다. 메시지가 '전달해야 할 말'이라면, 콘셉트는 말을 포장하는 방식입니다. 구상한 메시지를 타깃에 가장 잘 전달할 수 있도록 표현하는 단계에서 도입하는 특정 양식이나 스토리텔링이 콘셉트예요. 이 과정에서 정보를 전달하기 위해 시각적으로 활용할 이미지, 그림, 문체 등을 결정한 결과가 테마입니다. 흔히 콘셉트 잡기를 어려워하는데, 소재와 타깃 등을 빼놓고 콘셉트부터 생각하기 때문이에요. 좋은 콘셉트는 소재부터 시작해 타깃을 거쳐 메시지까지 잘 포장합니다. 이런 콘셉트를 좋은 콘셉트라고 하죠.

소셜미디어에서 흥행하는 콘텐츠는 저마다 좋은 콘셉트에서 출발합니다. 흔히 사람들은 '콘셉트가 좋은' 브랜드의 소셜미디어가 재미있고 또 잘한다고 말합니다. 그래서 좋은 콘셉트를 만드는 건 아이디어고, 특히 돋보이는 콘셉트를 선보이는 사람더러 창의적이라고 하죠. 그렇다면 누구나 할 수 있는 소셜미디어에서 아무나 생각해낼 수 없는 콘셉트는 선택된 몇 명만의 몫일까요? 창의력에만 달린 문제일까요? 다행히 그렇지는 않습니다. 콘셉트를 번뜩이는 아이디어로 떠올리기도 하지만, 벽돌을 올려 성채를 쌓듯이 차곡차곡 찾아갈 수도 있습니다.

번뜩이는 무언가를 찾기보다 '소재를 이야기할 방법'부터 생각해봅시다. 콘텐츠로 전달할 핵심 메시지와 표현방식을 생각하다 보면 콘셉트를 실현할 콘텐츠는 자연스럽게 머릿속에 떠오르기 마련입니다.

눈에 보이는
콘셉트, 테마

콘셉트는 글로 써서 알고
테마는 눈으로 봐서 안다.

쉽게 말하면 콘셉트를 시각적으로 표현한 방식이 테마입니다. 핵심 아이디어인 콘셉트를 정하면 테마가 잡히는 식이라서 콘텐츠를 시각적으로 표현하기 위한 상세한 계획이라고 생각하면 됩니다. 이렇게 테마는 완성된 콘텐츠의 특정한 분위기이기에 콘텐츠 규격, 일러스트, 사진 같은 시각자료의 유형과 상세값을 함께 고려해야 하죠. 흔히 광고대행사에서는 저마다 달리 생각할 만큼 애매하게 '~한 까라', '~한 느낌'이라고 표현하기 때문에 테마를 결정할 때는 언어로 풀어서 설명하려 하지 말고, 시각자료를 토대로 소통하는 것이 여러모로 좋습니다.

소셜미디어 콘텐츠의 콘셉트와 테마를 결정했다면 이제 콘텐츠를 구성할 일만 남았습니다. 밑그림을 그렸으니, 그 안을 채울 퍼즐 조각들을 짜맞출 차례입니다. 콘텐츠를 발행할 매체가 인스타그램이라면, 콘텐츠 테마는 인스타그램의 레이아웃을 최대한 활용하도록 구성합니다.

① 콘텐츠 썸네일(맨 앞 장)의 레이아웃을 통일해서 피드가 일관된 테마를 담게 한다.
② 색을 조합해서 콘텐츠의 색감을 유사하게 가져간다.
③ 줄마다 콘셉트를 집어넣고 구분할 수 있도록 순서를 정해서 콘텐츠를 발행한다.

이렇게 세 가지 정도로 콘텐츠 테마를 인스타그램 피드에 맞춰 꾸밀 수 있습니다. 완성해서 발행한 콘텐츠들은 차곡차곡 쌓여서 뚜렷한 메시지와 분위기로 맥락을 형성하는데요. 이런 맥락에서 우리는 인스타그램의 콘셉트와 테마를 확인할 수 있습니다. 다만, 디자인 감각이 없으면 테마를 그럴듯하게 매만질 수 없겠죠. 테마는 미적 영역이기에 디자이너의 의견이 절대적입니다. 보통 콘텐츠 기획자들은 협업하는 과정에서 디자이너만큼 안목을 쌓고 콘셉트와 테마도 구상하게 되는데요. 그렇더라도 디자이너에게 콘셉트에 맞춰 테마를 잡아 달라고 요청하는 편입니다(디자이너의 전문 영역이기 때문이죠). 그렇다면 테마를 디자이너에게 맡기고 기획자는 손 놓고 있어도 될까요? 그렇지는 않습니다.

테마는 콘셉트를 표현하는 방식입니다. 콘셉트에 맞춰 콘텐츠를 기획하는 과정에서 디자이너와 끊임없이 소통해야 합니다. 디자이너가 일정한 색조로 콘텐츠를 매만지며 테마를 확립하려면 기획자가 그 색조를 유지할 수 있도록 콘텐츠를 기획해야 합니다. 게다가 콘셉트가 잘 드러나는지 확인하고 콘텐츠를 일정 기간 꾸준히 노출해서 독자도 콘셉트와 테마를 수월하게 느낄 수 있도록 해야 하죠. 이 결과물을 가장 잘 드러낼 수 있는 소셜미디어 플랫폼이 인스타그램입니다. 콘텐츠가 쌓이면서 자연스럽게 콘셉트가 시각적으로 보이거든요. 그래서 콘텐츠가 모일 때까지 시간이 필요합니다. 최소한 아홉 개는 쌓아야 피드에서 테마를 확인할 수 있죠. 걸핏하면 콘셉트를 바꾸거나, 테마를 고려하지 않은 인스타그램 브랜드 계정은 중구난방입니다. 콘텐츠에 일관성이 없고 바라보고 있으면 어지럽습니다. 콘셉트를 확실하게 드러내려면 콘텐츠가 쌓였을 때 통일감이 느껴지도록 제작해야 합니다.

순서를 알고
시작합시다

전체 과정을 알면
아이디어를 떠올리는 데도 도움이 된다.

디지털 콘텐츠 기획이 처음이라면 무엇부터 시작해야 할지 막막하기 마련입니다.

'카피부터 적어야 할까, 이미지부터 찾아야 할까? 아무거나 쓸 수 없으니 촬영을 해야 하나?'

이런 물음이 꼬리에 꼬리를 물고 이어지죠. 그래서 광고 문안 작성과 이미지 촬영법을 설명하기 전에 콘텐츠를 기획하고 발행하기까지 과정을 간략히 정리해보겠습니다.

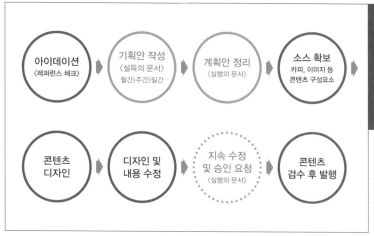

참여자

대개 콘텐츠를 기획하고 발행할 때까지 참여하는 사람이 세 명입니다. 바로 결정권자, 기획자, 디자이너입니다. 콘텐츠를 제작하는 인원의 최소 단위라고 할 수 있죠. 물론 조직마다 특성이 달라서 다소 차이는 있습니다.

여기서는 콘텐츠 기획자를 중심으로 설명하겠습니다. 담당자는 콘텐츠를 기획하고, 디자이너와 함께 제작해서 발행하려면 결정권자에게 확인을 받아야 합니다.

계획

브랜드 소셜미디어 콘텐츠 기획의 첫 단계는 월간 콘텐츠 계획을 짜는 일입니다. 우리가 수없이 세우고 또 그만큼 어긴 그 계획 말입니다. 중간에 불쑥 끼어드는 걸림돌이 워낙 많아서 다 지킬 수는 없겠지만, 되도록 달성할 수 있는 일정과 소재로 한 달간 콘텐츠 계획을 세웁니다. 전문용어로는 '월 플랜'이라고 하죠. 뭘 써야 할지 몰라 난감하다면, 그달에 이야기해야만 하는 소재부터 넣으면 됩니다. 만약 소재로 쓸 만한 브랜드 이슈를 파악할 수 없다면, 결정권자에게 미리 소재를 확인하는 방법도 있습니다. 그 소재를 활용해서 이야기할 내용을 배치하고, 광고 느낌이 강하지 않도록 가벼운 콘텐츠도 섞어줍니다. 간혹 한 달에 적정한 콘텐츠 발행 건수를 질문하는 분들이 있는데요. 콘텐츠 소비 추세와 브랜드 이슈에 따라 달라지겠지만, 요즘은 플랫폼마다 많아야 하루에 두 개 정도를 발행합니다. 양보다 질을 따지는 브랜드에서는 보통 한 주에 두 개 정도 올리죠.

월간 계획을 세웠다면, 거기에 맞춰 주간 콘텐츠 기획안을 작성합니다. 이번 주에 나갈 콘텐츠는 이미 편성이 완료됐기 때문에 이 기획안에는 일정보다 콘텐츠를 구성할 이미지와 광고 문안을 적으면 됩니다. 대개 주간 계획을 잘 짜두면 여기에 디자인 가이드만 추가해서 제작을 진행하기 때문에, 카피나 이미지 예시 등을 세세하게 들어주면 좋습니다.

승인

주간 콘텐츠를 다 기획했다면 제작에 들어가기 전에 1차 승인을 받아야
합니다. 결정권자의 승인이 떨어진 상태에서 콘텐츠를 제작하려는 자세
는 언제나 옳습니다. 콘텐츠 하나를 제작하려면 이미지 소스, 소품, 촬영
일정 등 고려하고 챙겨야 할 사항이 많은데 승인을 받지 않고 진행부터
했다가 나중에 기획이 엎어지면 손실이 큽니다. 승인은 허락이라기보다
합의라고 생각하고 제작하기 전에 결정권자와 꼭 조율해야 합니다.

제작

승인이 나면, 디자이너가 참고할 수 있도록 '콘텐츠 제작 가이드'를 작
성합니다. 가이드에는 콘텐츠 기획 의도, 사용할 이미지, 콘텐츠 규격,
결정권자의 당부까지 제작에 필요한 내용을 모두 적어야 합니다. 디자
이너가 시안을 디자인할 때 참고할 만한 돌다리를 놓는 셈이죠. 디자이
너는 기획자가 제시한 가이드라인에 맞춰 콘텐츠 방향을 이해하고 제
작합니다. 일러스트건 사진 편집이건 적합한 방법으로요. 시각 요소는
이렇게 합의를 거쳐 나옵니다. 간혹 이 과정에서 기획자가 구상한 내용
과 다른 결과물을 마주하면 다음 세 가지 경우를 의심해봐야 합니다.

채널: 인스타그램/스토리

규격: (세로) X (가로)

소재: ○○○

이미지 번호: IMG_0012~0017

마감:

1차: ○○월 ○○일 오후 3시 전

2차: ○○월 ○○일 오후 3시 전

최종: (수정 시간을 감안하여 정하기)

요청사항

:

제작시 참고사항

: 색 보정은 채널 가이드라인에 맞춰 부탁드립니다.

: 이미지 Crop할 경우, 제품이 잘 보이도록 해주세요.

: 폰트는 (폰트 이름)으로 활용해주세요.

제작시 주의사항

: 하단에 문구가 반드시 들어가야 합니다.

: 사진 내 자사 로고 외 모든 제품의 로고 모두 블러 or 삭제

[레퍼런스]

참고할 부분 표기	참고할 부분 표기	참고할 부분 표기
일러스트 부분 참고	타이포 부분 참고	기존 톤앤매너 참고

① 가이드라인이 충분하지 않아서 디자이너가 방향을 제대로 잡지 못했다.

② 디자이너가 가이드라인을 무시했다.

③ 디자이너가 가이드라인을 이해하지 못했다.

어차피 한 번에 모두 만족할 만한 시안이 나오기는 어렵기 때문에 수정 과정에서 충분한 논의를 거칩니다. 기획자가 의도한 시안이 아니더라도 전혀 당황할 필요가 없습니다. 수정을 요청하면 되니까요. 저는 보통 3~4회 수정하는 것 같습니다. 디자이너와 소통이 잘 되면 수정을 안 하기도 합니다. 그래서 소통이 중요합니다. 조금이라도 수정을 줄이려면 미리 디자이너와 많은 이야기를 주고받아야 합니다. 아이디어 단계부터 함께 고민할 여유가 있다면 더 좋죠.

가끔 '디자이너에게 어느 선까지 가이드를 제시해야 하는지' 묻는 초보 콘텐츠 기획자들이 있는데, 이 이야기는 길어질 것 같으니 책 뒷부분에서 다시 다루겠습니다.

최종 보고 ● ●

완성되지 않은 디자인 제작물인 시안이 완성본 단계로 나아갔다면, 발행을 위해 승인을 받아야 합니다. 디자이너가 만든 콘텐츠에 썩 어울릴 만한 바닥글을 넣어 발행안을 구성하고, 발행 정보를 적어주세요.

① 발행 시기

② 콘텐츠 종류

③ 콘텐츠 내용

이 세 가지가 보고 문서에 들어가야 합니다. 결정권자는 이 내용을 보고 콘텐츠를 그대로 발행할지, 수정을 요청할지 고민하겠죠. 결정권자 마음에 들지 않으면 무한 수정의 굴레에 빠질 수도 있습니다. 하지만 대개 그들은 바쁩니다. 콘텐츠에 치명적인 결함이 없으면 보통 승인합니다. 진행이 확인되면 이제 발행할 채널에 콘텐츠를 예약할 차례입니다.

발행을 깜박 잊을 수도 있으니 콘텐츠 발행 일정이 오전이라면 전날에, 오후라면 발행 당일 오전에 결정권자에게 한 번 더 알려주면 좋습니다. 이미 승인이 난 콘텐츠를 발행하기 전에 한 번 더 보고하는 까닭은 승인 당시에는 괜찮았는데 지금은 내보내면 안 되는 브랜드 이슈가 있을 수 있기 때문입니다.

실제로 제가 승인을 다 받아놓고 발행만 앞둔 콘텐츠가 있었는데, 브랜드 이슈가 터져서 일정이 밀렸습니다. 그러다 보니 시간이 지나면서 유효하지 않은 내용, 나가면 안 되는 정보가 하나둘씩 생기더군요. 일정이 밀려서 다시 보고했을 때는 콘텐츠 절반가량을 수정해야 했습니다. 브랜드 이슈가 시시각각 변하는 건 흔한 일이에요. 그때는 맞고 지금은 틀리다인 셈이죠. 그래서 항상 콘텐츠를 발행하기 전에 결정권자에게 '이 소재가 안전한지', '내보내도 되는지' 확인해야 합니다.

발행

기획자는 콘텐츠를 발행하고 나서도 할 일이 있습니다. 우선, 모니터링을 해야 합니다. 콘텐츠를 내보냈는데 독자들이 '좋아요'도 누르지 않고 댓글도 적지 않는다면 고민해야 합니다. 독자들이 브랜드 콘텐츠에 긍정적으로 반응하도록 유도하는 일이 콘텐츠 기획자의 소임이니까요.

또한 애써 만든 콘텐츠가 부정적인 이슈의 소재가 될 수도 있고, 게시물 광고를 돌리면 광고 스팸 댓글이 소중한 댓글 공간을 어지럽힐 수도 있습니다. 모니터링을 하면서 스팸 계정은 단호하게 차단하고 삭제해야 합니다. 마치 잔디밭을 관리하듯이요.

가능하면 댓글리케이션('댓글'과 '커뮤니케이션'을 조합한 단어로, 댓글로 소통하는 활동을 말한다)도 염두에 두기 바랍니다. 차라리 브랜드의 멋진 제품을 한 번이라도 더 보여주고 싶겠지만, 소셜미디어는 그런 용도가 아닙니다. 엄밀히 따지면 독자들과 나누는 양방향 소통을 원활하게 늘리기 위한 수단이 소셜미디어 콘텐츠입니다. 그 목적에 맞춰 대화 소재로 공급하는 데 콘텐츠의 본질이 있다는 뜻입니다. 브랜드 채널에 사람들의 왕래가 드물고 이야기가 없다면 브랜드가 제 할 말만 늘어놓아서일 수 있습니다. 콘텐츠를 발행했는데 반응이 없다면 원인을 찾아야죠. 만약 댓글 반응이 조금씩 생겼다면 꾸준한 댓글리케이션으로 독자를 형성할 필요가 있습니다.

기획자는 트렌드를
이렇게 포착한다

창의력은 누군가의
레퍼런스에서 출발한다.

콘텐츠 아이데이션을 어려워하는 사람이 정말 많습니다. 저도 아이데이션 때문에 며칠을 앉아서 이것저것 쓰다가 지우기만 반복하기도 합니다. 그래서 콘텐츠 기획을 잘하고 아이디어가 특출난 주변 사람들에게 물어봤습니다. "마케팅 콘텐츠로 쓸 아이데이션은 어떻게 하면 좋을까요?" 생각보다 답변이 비슷비슷해서 여덟 가지로 정리해봤습니다.

관련 없는 업계 브랜드를 탐색한다 ● ● ●

온리원Only-One 비즈니스 브랜드가 아니라면 국내외에 동종업계 경쟁사 소셜미디어가 반드시 있습니다. 만들어야 할 브랜드의 콘텐츠 아이디어가 도통 떠오르지 않을 때 경쟁사를 들여다보면 생각보다 많은 돌파구를 찾을 수 있습니다. 경쟁사 레퍼런스 확인은 기본이죠. 다만, 그콘셉트를 그대로 따오면 경쟁사보다 뒤늦게 겹치는 콘텐츠를 발행하게 됩니다.

콘텐츠 크리에이터는 '창의성이란 무엇인가' 같은 질문이 무척 익숙합니다. 저도 비슷한 질문을 자주 받거든요. 저는 우리가 무에서 유를 창조하는 조물주가 아니라고 생각합니다. 그럴 수도 없고요. 다만, 부지런히 레퍼런스를 모을 수는 있습니다. 세상 모든 것은 레퍼런스에서 시작했고 레퍼런스는 또 다른 레퍼런스를 창출합니다. 레퍼런스의 반복 안에서 자신만의 독창성을 곁들인 결과물이 브랜드 콘텐츠인 셈이죠.

평소 콘텐츠를 포착해서 저장한다 ● ● ●

꾸준한 노력의 천재는 영감을 얻기 마련입니다. 평소 소셜미디어를 돌아다니다 보면 콘텐츠로 활용할 만한 밈, 사진, 소재가 종종 눈에 띕니다. 이런 재료를 그냥 흘려보내지 않고 평소 잘 모아두면 콘텐츠 아이디어가 궁할 때 큰 도움이 됩니다. 특히 팀 단위로 아이디어를 모으는 채팅방을 하나 만들어서 공유하면 정말 유용합니다. 회사에 마땅한 사람이 없다면 외부에서 모임을 찾아보는 것도 좋은 방법이죠.

큐레이션 서비스를 이용한다 ●●

괜찮은 뉴스 큐레이션 서비스가 많습니다. '캐릿', '뉴닉', '롱블랙', '퍼블리' 같은 다양한 큐레이션 서비스에 어둡다면 그만큼 반짝이는 아이디어 공급원을 놓칠 수 있다는 뜻이죠. 유료 서비스라 부담스럽다면 페이스북과 인스타그램에 콘텐츠로 활용할 만한 밈을 콘텐츠로 올리는 계정이 여럿 있습니다. 그런 계정을 부지런히 팔로우해두는 것도 한 방법입니다. 저는 페이스북에서 팔로우하는 페이지가 4000개를 넘고, 인스타그램에서도 2000여 개 계정과 해시태그를 구독합니다. 이렇게 풍성하게 구독해서 정보가 한눈에 들어올 수밖에 없게 만들면 트렌드도 발빠르게 파악할 수 있습니다. 화면에서 갑자기 내 피드를 장악하는 콘텐츠나 키워드가 있다면 그게 바로 트렌드니까요. 브랜드 콘텐츠를 잘 만드는 브랜드를 팔로우하면 아이디어를 잡기도 수월합니다.

이미지에서 시작하는 콘텐츠 기획

기획안에 뭐라도 쓸 참으로 이것저것 끄적인다고 능사는 아닙니다. 먼저 이미지를 찾고 이야기를 구성해보세요. 이미지에는 의도가 있습니다. 말하자면, 메시지를 담고 있다는 뜻이죠. 그 메시지를 소재로 삼아서 하고 싶은 말을 각색해 스토리로 엮어내는 거예요. 그렇게 활용하고 싶은 이미지를 파악하고 뒤따르는 이미지를 연상하는 연습을 하다 보면 콘텐츠 아이데이션은 물론 콘텐츠 기획력도 끌어올릴 수 있습니다. 콘텐츠에 사용할 이미지를 결정했다면 그다음에 적절한 광고 문안을 궁리하면 됩니다.

쓰레기이론

생각이 떠오를 때까지 붙잡고 있는 것도 좋은 방법이긴 합니다. 그런데 '쓰레기이론'도 꽤 유용합니다. 당시에는 별로인 것 같던 생각이 나중에는 괜찮은 아이디어가 될 수 있다는 이론 말입니다.

쓰레기 던지듯 아무 말이나 해보세요. 거기서 나온 아이디어를 버리지 말고 적어두는 겁니다. 이런저런 말을 하다가 툭 튀어나온 단어나 생각이 실마리가 되어 더 나은 콘셉트를 이어갈 수도 있기 때문입니다. 물론 옥석을 가리는 안목은 잃지 말아야죠.

아이디어가 떠오르지 않는다고 가만히 앉아만 있으면 아무것도 달라지지 않습니다. 뭐라도 의견을 내보세요. 그러다 보면 아이디어가 불쑥 튀어나올 수도 있습니다. 지금은 별다를 것 없는 아이디어도 꼭 적어두세요. 요긴하게 쓸 날이 반드시 옵니다.

메시지는 명확하게 ● ●

콘텐츠는 메시지가 중요합니다. 알리고 싶은 내용을 글, 이미지, 영상으로 풀어낸 결과가 콘텐츠입니다. 특히, 브랜드 콘텐츠를 기획할 때는 먼저 메시지를 다듬은 다음 풀기만 하면 됩니다. 메시지가 분명하면 표현 방식은 다양하니까요. 그래서 메시지를 뽑아내는 것이 관건입니다. 콘텐츠 메시지는 '콘텐츠에 담고 싶은 말'이죠.

타깃을 향해 전하고 싶은 말을 적어보세요. 메시지가 명확하면, 그것을 전달하기 위한 카피나 이미지 같은 구성은 저절로 떠오를 겁니다.

아이데이션 습관 만들기 ● ●

'영감을 기다리지 말고, 찾아올 시간을 알려주라'는 경구가 있습니다. 우리는 생각보다 일상의 습관에 진심이죠. 시간을 내어 매일 같은 시간에 콘텐츠 아이데이션을 하는 겁니다. 오롯이 아이디어를 떠올리는 데만 그 시간을 투자하는 거죠. 그러다 보면 자연스럽게 그 시간에 쏠쏠한 아이디어가 떠오르곤 합니다. 우리 두뇌가 그 시간만큼은 아이디어 공장이 되도록 연습해봅시다.

누군가는 미라클 모닝 직후에 창조적인 활동을 하는 습관을 들여서 가장 활력 넘치는 순간에 아이디어를 떠올리라고 권유하기도 합니다. 사람마다 집중하는 시간대가 다르기에 꼭 아침이 아니어도 상관없습니다. 제 경험을 돌아보면, 콘텐츠를 짜기 위해 머리를 싸매고 고민한 저녁과 밤이 부지기수였습니다. 그런데 생각이 잘 풀리지 않아서 일찍 자고 이른 아침에 일어났더니 좋은 아이디어가 샘솟더군요. 그 뒤로는 구상하는 콘텐츠가 막힐 때마다 새벽까지 붙들고 늘어지기보다 평소보다 몇 시간 일찍 일어나서 해결하는 편입니다. 반대로 긴 글은 밤 시간대에 잘 써진다는 걸 알고 잠들기 전 한 시간을 긴 글에 할애합니다. 여러분도 두뇌가 아이디어 공장이 될 수 있는 시간대를 파악해서 습관을 들여보세요.

구태여 아이디어 생각하지 않기 ● ●

코끼리를 생각하지 말라고 하면 자꾸만 코끼리가 떠오르는 것처럼 자기 암시를 거는 방법도 있습니다. 콘텐츠 아이디어가 필요할 때 생각이 막히는 이유는 애써 생각하려고 들기 때문입니다. 오히려 잠시 머리를 비우세요. 생각하려고 애쓰지 말고 생각을 접어보세요. 양치질하고 산책하다 보면 분명 영감의 실마리가 찾아올 겁니다.

하마터면 여덟 가지 아이데이션 방법에서 가장 중요한 점을 빠뜨릴 뻔했습니다. 아이데이션에 소홀해지면 안 됩니다. 권태로운 자세로 발견한 아이디어는 콘텐츠의 품격을 떨어뜨립니다. 결국에는 본인 실력을 잡아먹는 원인이 되죠. 아이데이션은 실천하며 습관으로 굳히는 것이 중요합니다.

기발한 구상이 좋은 아이디어로
남지 못하는 이유

전문가의 시선은
아마추어와 달라야 한다.

저는 누군가 괜찮은 콘텐츠 아이디어라며 건네는 선의의 소재를 감사한 마음으로 경계합니다. 실제로 사용하기에는 아주 날것이기 때문입니다. 대개 주변 사람들은 좋은 아이디어로 포장한 무언가를 제시하며 브랜드 채널에 적용해보라거나, 콘텐츠 마케팅에 훈수를 두려고 합니다. 그러나 아쉽게도 그들이 언급하는 좋은 아이디어에는 장기 계획이 없습니다. 그저 번뜩인 생각일 뿐이죠.

콘텐츠 기획자는 크리에이터일까

콘텐츠를 만든다는 점에서 크리에이터와 콘텐츠 기획자는 공통분모가 있습니다. 콘텐츠 기획자를 크리에이터 범주에 넣을 만도 하죠. 그러나 브랜드에 소속된 콘텐츠 기획자들은 안타깝게도 마케팅에 필요한 콘텐츠를 자유롭게 만들지 못합니다. 완성된 콘텐츠를 브랜드 '공식 계정'으로 소셜미디어 타임라인에 공유하고, 그것을 독자가 소비하기 때문이에요. 이 점이 일반 크리에이터와 콘텐츠 기획자를 나누는 기준입니다.

콘텐츠 기획자는 브랜드 이미지를 유지하고 개선하며 키우는 지점까지 목표로 잡습니다. 이 과정에 필요한 콘텐츠를 만들죠. 일단 사람들 시선을 끌어야 한다는 명분으로 브랜드와 상관없는 구식 명언이나 유머만 가져다 쓰는 콘텐츠는 브랜드 소셜미디어에 별 도움이 안 됩니다. 브랜드가 희미할수록 독자들의 콘텐츠 참여도는 높겠지만 브랜드가 각인되지 않을 테고, 브랜드가 도드라질수록 그 반대일 겁니다.

우리가 작업해야 하는 브랜드 디지털 콘텐츠는 브랜드 이름을 달고 나가더라도 메시지가 독자들 마음에 들어서 기억되어야 하는 매체입니다. 광고의 'ㄱ'자만 봐도 건너뛰는 사람들의 눈길을 끌기 위해 '볼 가치가 있는 콘텐츠'를 만들어야만 하는 어려운 일이죠. 예컨대 음원을 서비스하는 벅스의 음악 프로듀서들은 유튜브에 채널 'Essential;'을 열고 그들의 음악 선곡 감각을 선보였습니다. 그 결과 벅스를 향한 사람들의 호감도를 높이며 팬덤을 형성했습니다. 이렇듯 사람들의 호감을 살 만한 콘텐츠를 브랜드 이름을 달고 꾸준히 제공해야 합니다. 브랜드 팬덤이 형성될 때까지 계속해야 한다고 하니 숨이 턱 막힐 만도 하죠. 현장에서는 "나는 콘텐츠 자판기야"라는 자조 섞인 우스갯소리도 나옵니다. 하지만 콘텐츠는 브랜드가 마케팅을 하며 살아남기 위한 산소 같은 존재입니다. 브랜드 콘텐츠 기획자는 브랜드가 생존하기 위해 가장 필요한 작업을 하는 셈입니다.

중요한 건 꺾이지 않는 꾸준함　　● ●

콘셉트나 콘텐츠를 둘러싸고 번뜩이는 아이디어가 떠올랐다면 다음 네 가지 질문을 놓고 생각을 정리해보세요. 좋은 아이디어와 실제로 적용할 만한 아이디어는 분명 다릅니다.

　① 이 아이디어로 콘텐츠를 얼마나 만들 수 있을까?
　② 현재 상황을 고려해 언제까지 활용할 수 있을까?
　③ 예산과 능력은 충분할까?
　④ 내부 고객을 설득할 수 있을까?

콘텐츠 한두 개면 충분한 아이디어가 있고, 분기나 반기 단위로 끌고 갈 수 있는 아이디어가 있습니다. 브랜드 소셜미디어 채널들은 쉬지 않기 때문에 가능하면 콘텐츠를 꾸준히 이어나갈 아이디어를 선택해야 합니다. 그런 점에서 시류를 타는 아이디어는 단타로 콘텐츠 한두 개에 활용하는 것이 좋습니다. 반대로 장타를 칠 만한 아이디어라면 월간 발행량을 기준으로 최대 3개월까지 끌고 갈 수 있는지 확인해보세요.

더불어 현재 콘텐츠 제작 인력으로 가능한지도 가늠해야 합니다. 일러스트레이터가 없는데 인스타툰을 계획할 수는 없기 때문입니다. 인력이 없다면 외주업체나 외주 그림작가를 찾아야 하고, 추가 예산도 필요하겠죠. 그래서 좋은 아이디어라고 무턱대고 실행할 수 없는 겁니다. 예산을 투입하기 어렵다면 현상황에서 가능한 콘텐츠 범위를 파악하고 해결책을 찾는 것이 현명합니다.

마지막으로 아이디어를 검증하는 과정에서 내부 고객(이를테면 협업할 동료나 결정권자)을 설득할 수 있어야 합니다. 브랜드 콘텐츠 기획자는 하루 이틀 협업하지 않습니다. 모든 콘텐츠는 협업의 결과물이기에 함께 일하는 동료는 물론 결정권자에게 아이디어를 놓고 동의를 얻어야만 합니다.

차례차례 과정을 거치며 아마도 수많은 아이디어가 깎여 나가거나 사라졌을 겁니다. 그러나 이렇게 검증해서 견고하게 다듬은 아이디어는 분명 오래가는 주제가 됩니다. 특히 아이디어를 키워가는 과정에서 브랜드 채널의 한계점을 고려해볼 수 있고, 콘텐츠를 발행한 이후에 브랜드와 콘텐츠의 방향이 서로 일치하도록 밑그림을 그려볼 수도 있습니다. 그렇게 브랜드 콘텐츠 기획자는 성장합니다.

브랜드 콘텐츠 기획자에게 중요한 기준

'좋다, 나쁘다'라는 평가는 주관적입니다. 특히 개인의 취향이 작용해서 사람마다 다릅니다. A가 보기에는 한없이 대단한 콘텐츠나 아이디어가 B 눈에는 브랜드의 현주소를 망각한 치기 어린 공상으로 비치기도 합니다. A와 B가 보유한 브랜드의 정보 차이와 취향이 '기준'으로 드러나기 때문인데요. 취향만으로도 좋은 브랜드 콘텐츠를 만들어낼 수 있기는 합니다. 그러나 취향으로 브랜드 콘텐츠를 평가하는 사람은 본인 취향에 맞는 아이디어만 반기고 그렇지 않으면 모두 돌려보내기 마련입니다. 그렇다면 브랜드에 유익한 아이디어를 솎아내고 함께 일하는 팀원들에게 공동의 목표와 밑그림을 제시할 수 있는 기준은 어떻게 마련할까요? 여기에는 단계가 있습니다.

1단계

일단 본인이 좋아하는 콘텐츠를 파악하는 일부터 시작합니다. 최대한 많은 브랜드 콘텐츠를 소비하면 됩니다. 고등학교 시절 기출문제를 풀면서 시험을 대비하던 때를 떠올려보세요. 많이 들여다보며 눈에 익어야 유형도 이해하고 풀이법도 깨칠 수 있습니다. 콘텐츠를 숱하게 소비하면서 본인이 좋아하는 콘텐츠 유형과 표현방식을 짚어보세요. 점점 콘텐츠 취향이 보일 겁니다.

2단계

본인이 눈여겨본 콘텐츠를 좋아하는 이유를 분석합니다. 콘텐츠 수량을 보고 파악했다면, 이제 좋아하는 콘텐츠의 품질을 분석할 차례입니다. 콘텐츠의 소재와 재미 요소를 파악하며, 콘텐츠를 소비하고 호감을 드러내는 과정에 작동하는 메커니즘을 이해하는 겁니다. 메커니즘을 알면, 그런 콘텐츠를 제작하는 여건과 방법도 짚어낼 수 있습니다.

3단계

이제 본인 브랜드를 분석해서 담아낼 콘텐츠를 결정합니다. 본인이 좋아하는 콘텐츠를 염두에 둔다면 그건 취향에 기반한 콘텐츠 기획입니다. '우리 브랜드를 독자들이 팔로우하고 반응하게 만들겠다'고 마음먹고 콘텐츠에 접근한다면 기준이 있는 콘텐츠 기획이라 할 만합니다. 브랜드가 보유한 다채로운 고객 데이터를 분석한 다음, 타깃을 특정 연령대로 뭉뚱그리지 말고 상황과 개인으로 좁혀봅시다. 본인 브랜드 채널을 팔로우하고 싶어 하는 독자들을 떠올리며 그들이 기꺼이 팔로우할 만한 콘텐츠 유형을 궁리해서 콘텐츠를 만들면 '독자'라는 뚜렷한 기준이 있기에 가설과 맥락이 생깁니다. 그러면 흔들리지 않고 판단할 수 있죠. 브랜드를 이해하는 기준이 생기기 때문입니다.

알고리즘을
친구로 만드는 기획

알고리즘은 신이다.
콘텐츠의 명줄을 틀어쥐기에

플랫폼마다 알고리즘은 극비라서 콘텐츠를 추천하는 기준과 방식을 도통 알 수 없습니다. 다만 흥행한 콘텐츠 사례를 수집하고 분석해서 유추할 수는 있습니다. 결국 알고리즘을 뛰어넘으려면 알고리즘이 선택할 수밖에 없는 콘텐츠를 만들어야겠죠.

알고리즘이 반기는 콘텐츠

알고리즘은 서비스에 오래 붙잡아두는 콘텐츠를 좋아합니다. 그래야 사용자가 광고를 하나라도 더 마주할 수 있기 때문입니다. 유튜브를 예로 들면 시청자의 이탈이 적고 시청시간이 긴 영상을 좋은 콘텐츠로 평가합니다. 콘텐츠 중간에 광고를 붙이기 때문에 이탈하지 않고 광고를 끝까지 다 보는 사람이 많을수록 유튜브는 이득이니까요.

알고리즘이 콘텐츠를 평가하고 배치하는 방식은 캐낼 수 없지만, 그 결과는 쉽게 알 수 있습니다. 지금 스마트폰을 열고 인스타그램 탐색 탭이나 유튜브 첫 화면과 추천 영상 목록을 확인해보세요. 치열한 경쟁을 뚫고 알고리즘의 선택을 받은 콘텐츠들이 여러분을 기다리고 있을 겁니다. 바로 여러분이 만들어야 할 콘텐츠의 본보기죠.

알고리즘이 선택한 콘텐츠를 확인했다면 거기에 담긴 기획 포인트를 뜯어보고 유사하게 만들어보세요. 알 길이 없는 알고리즘을 파악하려고 애쓰기보다는 알고리즘이 선택한 콘텐츠 유형을 분석하고 각 브랜드의 디자인이나 메시지를 참고하는 노력이 좋은 콘텐츠를 만드는 비결입니다.

썸네일에 들어간 이미지, 제목, 내용을 인공지능 도구를 활용해 그대로 가져다 쓰면 표절 시비에 엮일 수 있으니 주의하기 바랍니다. 표절 시비에 휘말린 브랜드가 맞이하는 참사는 브랜드 이미지가 추락하는 선에서 그치지 않으니까요!

광고비를 지불하는 브랜드 계정인 만큼 채널에 혜택이 있으리라고 생각할 수도 있습니다. 하지만 고객센터 응대가 친절하고 신속할 뿐, 서비스 내용은 크게 다르지 않습니다. 단순히 꾸준하게 콘텐츠를 발행한

다거나 내용이 올바르고 의미 있다고 해서 알고리즘의 관심을 받으리라 기대한다면 오산입니다. 알고리즘을 지나치게 인간다운 기준으로 판단하지 마세요.

차라리 알고리즘과 플랫폼에 도움이 될 만한 브랜드 콘텐츠를 궁리하고 기획하는 편이 낫습니다. 사용자가 관심을 보이는 콘텐츠를 파악해서 더 잘 퍼지게 배치하고 그렇지 않은 콘텐츠는 냉정하게 외면하는 것이 알고리즘입니다.

알고리즘이 선택하는 콘텐츠는 어떻게 만들까? ● ●

콘텐츠가 알고리즘의 선택을 받으려면 사용자의 콘텐츠 참여도가 꾸준히 높아야 합니다. 알고리즘이 외면하는 콘텐츠의 기준 또한 공지된 적 온 없습니다. 나만 유추해서 브랜드 콘텐츠 기획자들이 조심하는 점은 있습니다.

이미지 콘텐츠라면 이미지 한 장에 빽빽하게 텍스트를 집어넣지 않는 것이 좋습니다. 이미지에 담긴 텍스트 비중으로 콘텐츠를 평가하고 도달(소셜미디어에서 콘텐츠가 일반 독자에게 가닿는 것을 의미하며, 그에 대한 수치 단위로도 사용한다)에 영향을 주는 규제가 사라졌다고는 하지만, 이미지 레이아웃에서 텍스트 비중이 80퍼센트를 넘어가면 광고 효율이 떨어지거나 심지어는 광고가 탈락하던 시절도 있었습니다. 이미지에 넘쳐나는 글귀는 바람직하지 않습니다. 되도록 제한된 분량으로 눈길을 끄는 문안을 쓸 수 있게끔 기량을 갈고닦아야 합니다.

알고리즘은 사용자들의 시청시간이나 콘텐츠와 관련된 '플랫폼 기능 활용도'를 분석해서 영상 콘텐츠를 평가합니다. 저장하거나, 디엠DM으로 보내거나, 외부에서 유입되거나, 댓글 수 등으로 콘텐츠의 유능함이 판가름 납니다. 결국 콘텐츠 소비시간을 평가하는 기준은 '콘텐츠에 머무르는 사용자의 행동을 유도하는 능력'입니다. 콘텐츠를 소비하는 시간이 늘면 머무르는 시간도 길어질 테고 그만큼 플랫폼에는 이득이니까요. 사실 여기서 브랜드 채널은 유리한 처지가 아닙니다. 광고를 올리면 사용자들이 대개 이탈하고 콘텐츠에 보이는 반응도 일반 계정보다 못하니까요. 그렇다고 포기할 수는 없죠. 브랜드를 대놓고 광고하지 않으면서 소비할 만한 콘텐츠를 만들기 위해 노력해야 합니다. '브랜드가 만드는 콘텐츠는 다 광고'라는 편견 때문에 사용자들은 브랜드 콘텐츠라면 그다지 기대하지 않습니다. 바로 그래서 브랜드가 콘텐츠를 남다르게 만들면 큰 호평을 얻기도 합니다. 브랜드마다 독창성을 갖춘 콘텐츠 시리즈를 만들려고 노력하는 이유죠.

플랫폼에서 장려하는 콘텐츠를 만드는 것도 좋은 전략입니다. 세계적으로 틱톡이 유행하자 인스타그램은 릴스, 유튜브는 쇼츠를 선보이며 해당 포맷 콘텐츠의 도달이나 노출에 더 신경 쓰고 있습니다. 인플루언서는 물론 일부 대형 브랜드도 릴스나 쇼츠 전용 채널을 별도로 만들어서 그야말로 콘텐츠를 찍어내는데요. 플랫폼에서 판을 깔아주는데 굳이 마다할 이유가 없죠. 물론 낯선 형식이라서 콘텐츠 제작에 더 신경 써야겠지만 알고리즘의 선택을 받기는 수월할 겁니다.

2단계 | 콘텐츠 기획안

상상력을 문서로 표현하는 기획자의 기술

CONTENTS

마디터의
협업

혼자서도 할 수 있지만,
혼자서는 안 된다.

1인 크리에이터 전성시대라고들 합니다. 혼자서도 콘텐츠를 잘 만드는 이가 퍽 많습니다. 그러나 1인 크리에이터와 콘텐츠 기획자는 비슷한 듯해도 다릅니다. 대중이 좋아할 만한 콘텐츠를 만든다는 점은 같지만, 콘텐츠를 자유롭게 만드는 크리에이터와 달리 기획자는 브랜드의 소재에 브랜드의 목소리를 담아야 하기에 제약도 많고 고려할 점도 허다하죠. 기획하는 콘텐츠의 규모도 다릅니다. 그래서 브랜드 콘텐츠 기획자에게 혼자 할 수 있어도 혼자 하지 말라고 조언합니다. 결과도 마뜩잖을 테고 고생바가지입니다. 콘텐츠 마케팅을 진행할 때 콘텐츠 유형에 따라 어떻게 협업하는지 설명하겠습니다.

소셜미디어 콘텐츠 마케팅

브랜드 소셜미디어 채널을 운영하고 콘텐츠를 제작하려면 '콘텐츠 기획', '채널 운영', '디자인' 이 세 영역을 맡을 인력이 필요합니다. KPI는 이 세 영역이 따로 또 같이 잘 맞물려 돌아갈 때 달성할 수 있습니다. 이때 필요한 인력이 채널 운영 계획 전반을 관리하는 운영자, 브랜드 콘텐츠를 기획 총괄하는 기획자, 소셜미디어 채널에서 발행할 콘텐츠 전체 디자인의 일관된 톤앤매너를 관리하는 디자이너까지 세 명입니다. 간혹 브랜드 규모와 예산에 따라 기획자가 운영과 기획을 도맡고 제작까지 관여하기도 하는데요. 가능하지만 무척 힘듭니다. 각자 전문성을 발휘해서 협업해야 가장 좋은 결과로 이어지므로, 되도록 겸업은 피하길 바랍니다. 요즘은 인스타그램과 유튜브를 중심으로 브랜드 온드미디어 채널을 관리하는 추세입니다.

뉴스레터

뉴스레터 르네상스라고 해도 과언이 아닐 만큼 안목이 뛰어난 큐레이터의 뉴스레터가 많습니다. '뉴닉', '주말랭이', '캐럿', '트렌드어워드'처럼 인기 높은 뉴스레터도 협업해서 만듭니다. 뉴스레터를 기획하고 발행하기 위해 프로젝트 운영자, 콘텐츠 기획자, 디자이너, 개발자까지 협업합니다. 뉴스레터를 맡은 기획자는 복잡하지 않더라도 개발자와 원활하게 소통하려고 따로 개발 용어를 익히기도 합니다.

인터뷰   ● ●

인터뷰 콘텐츠를 진행할 때는 인터뷰 진행자와 사진가(영상 인터뷰에서는 영상촬영자)하고 협업합니다. 인터뷰 진행자가 인터뷰와 사진 촬영까지 같이하기도 하는데요. 인터뷰는 사진이 발휘하는 후킹 효과를 무시할 수 없기 때문에, 비주얼 소스를 제작하는 전문가와 협업하는 것이 바람직합니다. 대개 인터뷰 사진 촬영은 보정을 포함한 가격대가 40~70만 원이고 영상은 장비 사용 여부와 러닝 타임에 따라 견적이 다릅니다. 카메라 2대와 간단한 조명을 사용한다면 최소 200만 원입니다(2023년 기준).

영상 콘텐츠   ● ●

영상 콘텐츠는 모든 인건비의 꽃입니다. 대개 브랜드 유튜브 채널 하나를 운영하려면 큰 예산이 드는데, 대부분이 인건비죠. 출연자가 몇 명이며 실내인지 실외인지, 카메라는 몇 대인지도 따져야 하고 조명이나 녹음장비 같은 촬영기기에 따라 인력 변수도 많습니다. 그래서 브랜드 콘텐츠 기획자는 브랜드 영상의 콘셉트, 유형, 규모에 따라 정말 다양한 사람과 협업합니다. 일단 영상 콘텐츠는 영상 제작 단가를 기준으로 분류해보겠습니다.

① 100만 원 미만 영상 : 간단한 모션그래픽스나 영상을 촬영한 다음 간단하게 편집하거나, 촬영한 영상 소스를 받아서 편집만 진행하는 경우입니다. 브랜드 콘텐츠 기획자와 편집PD 둘이서 작업을 진행하기도 하지만, 대개는 편집PD 홀로 제작합니다.

② 100~200만 원 영상 : 기획안만 있던 영상 콘텐츠에 스토리보드가 추가되는 경우입니다. 브랜드 릴스 콘텐츠 제작 단가가 보통 이 정도입니다. 이때 브랜드 콘텐츠 기획자는 영상을 만들기 위해 PD(촬영/편집) 그리고 구성작가와 협업하죠. 기획자가 구성작가를 겸임하고 PD와 둘이서 영상을 제작하기도 합니다.

③ 300~1000만 원 영상 : 보통 유명인을 기용하지 않는 시리즈 형태의 유튜브 콘텐츠 제작 단가가 이 정도입니다. 여기서 기획자는 주로 콘셉트 기획에 참여하고, 제작할 때는 PD(기획/편집), 촬영감독, 엔지니어(각종 촬영기기 담당), 구성작가, 모션그래픽스 작가 등과 협업합니다. 내부 영상팀이 없으면 대개 프로덕션 외주사와 협업하며 PD와 소통합니다. 예산 규모가 늘어났기에 영상 콘텐츠 완성도가 높을 가능성이 큽니다.

④ 1000~5000만 원 영상 : 대개 이런 영상에서는 돈 쓴 티가 납니다. 현장에서는 속된 말로 '힘 좀 주려는 영상' 콘텐츠로 분류합니다. 유튜브를 보면서 감탄하던 영상에 해당한다고 보면 됩니다.

⑤ 외부광고 혹은 PPL : 대개 일정 금액을 내고 광고를 콘텐츠 일부에 소개하거나 배치하면 브랜드 콘텐츠 담당자는 제품의 노출 상태와 광고 성과 등을 확인하기 위해 콘텐츠 PPL 담당자와 소통합니다. 금액에 따라 노출방식이나 보장 범위 등이 다르기 때문에, 상품소개서를 요청해서 해당 담당자에게 원하는 노출방식과 배치 장면을 설명하는 것이 좋습니다. 때로는 기획자와 마케터가 촬영 현장에 동석하기도 합니다.

수많은 브랜드가 플랫폼에 콘텐츠를 쏟아냅니다. 브랜드 계정에서 저마다 유려한 글귀와 디자인으로 콘텐츠를 발행합니다. 그래서 차별화가 필요합니다. 콘텐츠가 더 돋보이고 더 전략적으로 접근할 수 있도록 연구해야죠. 그런데 이런 고민을 거듭할수록 고립되기 쉽습니다. 외부 사진, 영상 전문가들과 협업하며 다양한 시선을 만나고 선택하는 과정에서 좋은 콘텐츠가 나온다는 점을 유념하고, 원만한 협업으로 완성도 높은 콘텐츠를 만드는 기쁨을 누리기 바랍니다.

콘텐츠 기획안과
계획안의 차이

기획안과 계획안은 다르다.
그러기에 둘 다 쓸 줄 알아야 한다.

기획안과 계획안을 강의하면 늘 나오는 질문이 있습니다. 감은 잡겠는데 구체적으로 잘 모르겠다는 겁니다. 그러면 기획안과 계획안이라는 단어를 활용해서 답변하곤 합니다. 기획을 위주로 쓴 문서는 기획안, 계획을 중심에 둔 문서는 계획안. 콘텐츠 전반을 다루는 내용은 기획안, 실제 콘텐츠를 만드는 계획을 밝힌 문서는 계획안, 이렇게요. 그런데 두 문서를 나누는 이유는 묻지 않습니다. 그 점이 더 중요한데 말입니다.

  군이 기획안과 계획안을 나누는 이유는 목적이 다르기 때문입니다. 기획안은 설득하려고 쓰는 문서입니다. 누군가(대상 독자)를 설득해야 하니까요. 어떤 콘텐츠를 왜, 어떻게 만들어서 어떤 결과를 가져올지와 같이 콘텐츠를 제작하는 목적부터 만듦새까지 기획안에 제시해서 결정권자의 승인을 받아야 합니다. 즉, 기획안은 앞으로 할 일을 적시해서 설득하는 문서고, 계획안은 구체적인 실행방안을 정리한 문건이죠. 계획안이 실행에는 꼭 필요한데 굳이 설득할 필요는 없습니다. 이미 기획안에서 설득을 끝냈기 때문에 기획안보다 좀 더 하우투HOW TO에 집중해서 실무자에게 보여주면 됩니다. 그래서 기획안이 필요성과 기획 방향, 대략적인 계획을 담는다면, 계획안은 기획안보다 내용이 깊습니다.

① 기획안에 들어가야 할 내용 : 메시지(주제), 일정, 콘셉트 설명, 콘텐츠 유형, 이유, 기대효과

② 계획안에 들어가야 할 내용 : 메시지(주제), 콘텐츠 유형, 콘셉트 설명, 일정표, 콘텐츠 콘셉트 상세 안, 테마 상세 레퍼런스(영상 콘텐츠라면 스토리보드, 일정표 추가), 제작 가이드라인

사실 고백하자면 현장에서는 계획안을 생략하기도 합니다. 또는 연간 계획으로 틀을 크게 잡죠. 계획안을 추가로 쓰기에는 콘텐츠 분량이 애매하거나 기획안을 조금 보완해서 계획안으로 써도 되는 상황에서는 계획안을 작성하지 않습니다. 하지만 영상 콘텐츠 촬영처럼 작업 과정을 꼼꼼하게 점검해야 할 때는 계획안이 필요합니다. 상황에 따라 효율을 따져서 업무에 융통성을 발휘해야 한다면 과감하게 계획안을 생략

제목: [브랜드 이름] 콘텐츠

1. 콘텐츠 소재:
2. 기획 의도:
3. 발행 채널:
4. 일정: ○○월 ○○일 콘텐츠 초안 보고 예정
   (제작 소요시간: 워킹데이 기준 ○○일)
5. 발행일: 월 일 발행 예정

[시안]

카피와 이미지 넣는 구역

• 시각적 구성을 설명하는 지시문은 빨간색으로 표기
• 콘텐츠 카피는 검은색으로 표기

[디자인 가이드]

디자이너에게 전달할 내용 기재

• 규격/이미지 소스 번호/마감 일정 등

[레퍼런스]

레퍼런스 넣는 구역

• 콘텐츠를 상상할 수 있는 한 장
• 레퍼런스가 여럿이면 참고사항 별도 기재

해도 됩니다.

여기에 왼쪽과 같이 기획안 양식을 공유합니다. 기획안은 업무마다 다르게 작성해야 하고 사용자들도 합의해야 하기 때문에 이 양식을 똑같이 사용하기보다는 기본 틀을 활용해서 이렇게 저렇게 응용해보기를 권유합니다.

친절한 기획안과
무례한 기획안

핵심은 분량이 아니라
정확성이다.

키보드를 두들기다가 과연 누구를 위해 이 콘텐츠 기획안을 쓰는지 생각하곤 합니다. 나만 들여다볼 용도는 분명 아니죠. 작성자만 볼라치면 기획안을 공들여 쓸 필요 없이 그냥 메모만 해도 별 문제는 없을 겁니다. 우리는 누군가를 위해 기획안을 씁니다. 모든 기획안이 그렇죠. 그래서 이 문서를 읽을 대상에게 초점을 맞추고 이해하기 쉽도록 작성해야 합니다. 이 점을 고려했느냐에 따라 친절한 기획안과 무례한 기획안으로 나뉩니다.

친절한 기획안은 읽는 사람이 이해하기 쉽고, 기획자의 구상을 머릿속에 그려볼 수 있도록 콘텐츠 내용을 간단명료하게 정리한 문서입니다. 그래서 문서가 반드시 길 필요는 없습니다. 간혹 좋은 기획안은 내용이 세세해야 한다는 고정관념 때문에 분량을 채우려고 애쓰기도 하는데요. 내용이 상세할 필요는 있지만, 분량을 채우려다 보면 오히려 기획의 날카로움이 무뎌집니다. 분량이 적어서 내 기획이 보잘것없어 보이지 않을까 하는 노파심일랑 접어두세요. 다이아몬드는 작아도 빛이 납니다.

친절한 기획안은 한눈에 들어온다 ● ●

저는 콘텐츠 기획안을 한 장, 길어야 두 장으로 끝냅니다. 콘텐츠 콘셉트 설명 문안을 파워포인트로 스무 장까지 구성해본 적도 있지만, 콘텐츠 하나에는 파워포인트 한 장이 가장 적절한 것 같습니다. 필요한 내용만 구성하면 문서를 읽는 사람도 핵심 정보를 파악하기에 수월하거든요. 친절한 기획안은 머릿속에 그림을 그릴 단서를 제공합니다. 기획안을 보고 작성자와 독자가 비슷한 그림을 그릴수록 콘텐츠의 만족도가 올라가기 때문에, 콘텐츠를 설명하는 지시문과 레퍼런스가 필요합니다. 그다음에 업무 내용이 들어갑니다. 일정, 콘텐츠 방향, 콘텐츠 소재 같은 항목은 기획안과 브랜드 사이 연관성을 설명하는 역할을 합니다. 이런 내용은 결정권자가 승인할 확률을 높여주죠.

친절한 기획안은 레퍼런스가 살갑다

기획안에는 다음 세 가지가 들어갑니다.

① 콘텐츠에 들어갈 문구
② 콘텐츠의 시각적 구성을 설명하는 지시문
③ 콘텐츠 레퍼런스

①은 카피라이팅의 영역이고, ②는 콘텐츠 유형마다 다르겠지만 정보를 배치하고 시안에 상황을 구성하는 역량이 필요합니다. ③은 검색 능력일 법하지만, 그보다는 평소 콘텐츠를 많이 볼수록 적합한 레퍼런스를 찾아내어 재구성할 수 있습니다. 레퍼런스를 꾸준히 보고 모아두어야 하는 이유이기도 하죠.

친절한 기획안은 읽는 사람이 바로 상상할 수 있는 단서를 담고 있어서, 레퍼런스의 정확도가 높고 콘텐츠를 묘사하는 내용도 명확합니다. 문안 작성은 취향의 문제라서 조금 다를 수도 있지만, 분위기 전반을 조절하는 꽤 중요한 역할을 합니다. 기획안을 채워야 하는데 생각이 술술 흘러가지 않을 때는 이 방법을 한번 거꾸로 해보세요. 주제에 알맞은 콘텐츠 레퍼런스를 찾고, 콘텐츠를 시각적으로 구성하는 지시문을 작성하고, 콘텐츠에 들어갈 문구를 넣으면 됩니다.

친절한 기획안을
잘 쓰는 법

뭐든 잘 쓰려면
세 가지가 중요하다.

일단 다른 사람이 쓴 콘텐츠 기획안을 자주 챙겨 보세요. 뜯어보고 분해하다 보면 학습자료가 됩니다. 기획안은 생각의 흐름이어서 기획자의 의도가 고스란히 드러나기 마련이죠. 그래서 그 의도를 거슬러 올라가면 콘텐츠를 기획한 과정을 발상까지 추적할 수도 있습니다. 만약 콘텐츠 기획서를 구하기 어려우면 완성된 콘텐츠를 하나하나 뜯어보며 기획안을 써보세요. 제가 연차가 낮아서 콘텐츠 기획이 낯설고 기획안 구성법을 잘 모를 때 연습하던 방법인데요. 완성된 결과물의 구성요소를 해부하듯이 나눠서 기획안에 채워넣었습니다. 특히 읽을 사람들이 이해할 수 있는 언어로 설명할 방법도 같이 구상했습니다. 고객사, 디자이너, 동료, 후배 누구라도 읽었을 때 완성된 콘텐츠까지 머릿속에 그림이 그려지도록 말이죠. 마치 인간에게 유전자 지도가 있듯이 콘텐츠에도 그 과정을 거꾸로 돌려가며 배울 수 있는 요소가 있을수록 친절하고 좋은 기획안이었습니다.

콘텐츠 기획안을 어떻게 써야 할지 알았다면 이제 꾸준히 연습해야 합니다. 콘텐츠 유형을 넘나들며 실제 콘텐츠 기획서를 참고해서 콘텐츠 기획을 하다 보면 역량이 자라면서 콘텐츠도 더욱 짜임새를 갖춥니다. 그리고 이렇게 다짐하는 거죠.

'오늘 이 기획안을 본 사람마다 그 쓰임새가 다를 테니 내용을 맞춰 추가해야겠다.'

예를 들어 결정권자에게는 기획안이 콘텐츠를 만들어야 하는 근거자료이므로 필요성을 강조해야 하고 디자이너라면 디자인 가이드라인이 더 중요하겠죠. 읽는 사람 편에 서서 기획안을 쓰다 보면 자연스럽게 작성자의 친절이 느껴집니다.

레퍼런스를 기획안에 넣을 때는 당연히 콘텐츠를 연상할 수 있는 단서이므로 콘텐츠 구상 당시와 가장 비슷한 내용의 레퍼런스를 보여줘야 합니다. 첨부한 레퍼런스에서 구체적으로 살펴야 할 점을 안내해주면 더욱 좋습니다. 레퍼런스는 어디까지나 상상력을 참고하는 용도니까요. 다만 친절이 지나쳐서 레퍼런스가 다섯 개를 넘으면 오히려 콘텐츠를 이해하는 데 혼선을 줄 수도 있습니다. 이럴 때는 각 레퍼런스에서 참고할 점을 짚어주는 것이 바람직합니다.

쇼트폼, 해석은 짧고
재미는 강렬하게

콘텐츠가 짧다고
기획안도 짧을까

쇼트폼 콘텐츠란 '틱톡', '쇼츠', '릴스'에 올릴 법한 짧은 영상 콘텐츠를 말합니다. 간혹 낱장 이미지 콘텐츠도 쇼트폼이라고 하는데, 대개는 영상을 가리킵니다. 소셜미디어 콘텐츠 마케팅을 하다 보면 쇼트폼 콘텐츠를 향한 욕구를 강하게 느낍니다. 브랜드 담당자마다 쇼트폼 콘텐츠를 어떻게 잘 만들지 늘 고민하는데, 그중 가장 신경 쓰는 부분이 파급력입니다. 단순하게 길이가 짧다고 쇼트폼 콘텐츠가 아닙니다. '독자가 해석하는 시간은 짧게, 재미는 강렬하게'가 핵심입니다. 긴 영상을 보기에는 날이 갈수록 독자들의 인내심이 바닥나고 그만큼 진정성을 원하는 이도 적습니다. 그래서 소셜미디어 브랜드 콘텐츠를 기획할 때 쇼트폼을 기본 전제로 깔고 재미있게 접근하려고 합니다. 노련한 1인 크리에이터라면 번잡한 기획안이 없어도 일을 진행할 수 있겠지만, 우리는 결정권자와 소통해야 합니다. 재미에 의미까지 있고 브랜드에도 유익한 콘텐츠를 만들어서 효과를 낼 계획을 제시해서 설득해야 합니다.

쇼트폼 콘텐츠 기획안도 사실 크게 다르지 않습니다. 기획안은 말 그대로 문서이므로, 콘텐츠 유형에 따라 내용을 바꿔 일정한 형식을 채우면 됩니다. 물론 꼭 들어가야 하는 상세 항목은 있죠.

쇼트폼 영상 콘텐츠 기획안을 쓸 때는 다음 순서대로 내용을 구성하세요. 개인마다 차이는 있겠지만, 영상에 따라 상세한 내용이 필요하면 추가하면 됩니다. 특히 아이데이션에서 문서로 구체화하는 과정을 고려해 적절한 제작 가이드를 제시해야 합니다.

콘텐츠의 갈래 → 콘텐츠 유형 → 장면 구성 → 출연자와 음악 선정

마찬가지로 아이데이션 이후에 콘텐츠의 구체적인 사항을 정리합니다. 제가 기획안을 구성하는 순서는 이렇습니다.

콘텐츠 소재 → 콘텐츠 주제 → 콘텐츠 방향 고민(아이데이션) → 콘텐츠 유형 → 이미지 또는 레퍼런스 확인 후 기재 → 콘텐츠 방향 설정 → 문안 작성 → 제작할 때 요점 → 콘텐츠 제작 일정 정리 → 예산 추정 → 제작 담당자 배정

그런데 이렇게 단계를 밟아 내용을 적다 보면 자연스럽게 분량이 늘어나면서 기획안이 세세해집니다. 앞서 설명했듯이, 기획안에서 계획안이 되고 말죠. 계획안에는 설득보다 실무에 초점을 맞추기 때문에 더 많은 정보를 상세하게 적습니다. 기획안이라면 정보를 간결하게 정리하는 것이 좋습니다.

인터뷰를 위한
기획안과 질문지

인터뷰 콘텐츠는 내용뿐 아니라
인물의 움직임을 고려한 세밀한 준비가 필요하다.

전문 에디터가 아니더라도 브랜드 콘텐츠를 기획하다 보면 한 번쯤 회사 안팎의 인물을 인터뷰해서 콘텐츠를 만들어야 할 때가 있습니다. 요즘은 인스타그램에 독립잡지가 여럿 생겨났고, 브랜드들도 잡지 형식의 콘텐츠를 제작하는 추세여서 인터뷰 콘텐츠를 기획할 일이 늘고 있습니다.

인터뷰 기획안 잘 짜는 법

구상한 내용을 기획안으로 정리해서 콘텐츠를 만드는 일과 달리, 인터뷰 콘텐츠를 기획할 때는 상세한 인터뷰 질문지에 사진과 영상 클립 같은 시각자료까지 다 준비해야 합니다. 또한 기획안을 토대로 계획안을 작성하면서 사진가나 PD 등에게 이미지나 영상 촬영 가이드를 제시해야 할 때도 있습니다. 그래서 인터뷰 콘텐츠 기획안은 다른 콘텐츠보다 세부적이고 통과 여부도 까다롭죠. 인터뷰는 이렇게 진행합니다.

사전작업

주제 설정 → 인터뷰이 조사 → 인터뷰이 선정 → 기획안 작성 → 인터뷰이 섭외 → 사진가 섭외 → 인터뷰 장소 조사 → 인터뷰 일정 확정 → 일정과 장소 확정 및 안내

인터뷰 당일

인터뷰이 시간 약속 확인 겸 안내 문자(인터뷰 진행 2시간 전) → 장소에 먼저 도착해서 촬영 장소 탐색(사진가가 진행하기도 함) → 인터뷰이와 인사 → 아이스브레이크(간단한 환담) → 인터뷰 진행 설명 → 인터뷰 진행 → 녹취와 타이핑 → 사진 촬영 → 종료

콘텐츠 작업

텍스트 : 녹취록과 속기 내용 종합 정리 → 편집 → 이미지 배치 → 완성본 인터뷰이에게 공유하고 내용 확인 요청 → 결정권자에게 보고 → 발행 → 인터뷰이에게 발행 안내

이미지 : 이미지 선정 → 보정 → 워터마크 → 인터뷰이에게 원본 공유 → 발행 안내

인터뷰 질문지 잘 짜는 법 ● ●

저는 인터뷰를 진행할 때 해당 인물의 이전 인터뷰를 찾아보고 중복되는 질문은 되도록 피합니다. 인터뷰이도 번거롭게 과거 발언을 반복하다 보면 권태로워져서 성실하게 답변하지 못하기도 하고요. 그럴 때는 새로운 질문을 섞어야 합니다. 우리는 하늘 아래 새로운 작품이 아닌 레퍼런스의 레퍼런스를 만드니까요. 인터뷰 질문을 잘 짜기 위해 레퍼런스를 한껏 찾아봅니다. 좋은 질문을 만나면 늘 핸드폰 메모장에 적어두고 활용하는 것이 좋습니다. 하루아침에 영감이 떠올라서 좋은 질문을 뽑아내기보다 모아둔 좋은 질문의 사례를 변형하는 방법이 더 효율적입니다.

인터뷰 비주얼 가이드 짜는 법

인터뷰 콘텐츠라면 사진가와 협업할 가능성이 큽니다. 그래서 대개 이인 일조로 움직이죠. 혼자서 인터뷰와 촬영을 도맡기도 하는데, 그러면 완성도를 높이기 어렵습니다. 사진가와 협업할 때 가장 중요한 점은 콘텐츠의 촬영 콘셉트와 가이드입니다. 요청한 대로만 찍어주는 분이 있는가 하면 그보다 더 잘 찍어주는 분이 있는데요. 일단 촬영 가이드는 있어야 합니다. 또한 인터뷰이에게도 이렇게 사진을 찍겠다고 촬영 가이드를 알려주고 진행해야 훨씬 수월합니다. 대개 인터뷰 비주얼 가이드는 다음 두 가지로 나눕니다.

인물이 중심이 되는 경우

인물 중심의 이미지를 연출할 때는 인물에게 손동작과 표정을 어떻게 해야 할지 꼭 전달해야 합니다. 인터뷰할 때 인터뷰이가 손을 어디에 둬야 할지 몰라 촬영을 힘들어하는 일이 흔합니다. 불필요한 손동작이 많으면 의도한 이미지를 만들기 어렵습니다. 표정도 마찬가지입니다. 사람의 얼굴은 비대칭이고 카메라를 들이대면 표정이 굳습니다. 그렇기 때문에 원래보다 더 크게 웃는 등 표정을 더 확실하게 드러내게끔 가이드해야 합니다. 주로 상체만 촬영한 레퍼런스를 구글링하거나 셔터스톡과 게티이미지 같은 유료 이미지 사이트에서 검색하면 여러 사진이 나옵니다. 이 중 모델의 표정, 시선 처리, 손동작 등을 중심으로 레퍼런스를 찾아서 가이드를 주면 됩니다. 원하는 느낌이 있다면, 그에 특정된 손동작이나 표정이 있으므로 의견을 전달하세요. 예컨대 응원하는 분위기를 내고 싶으면 밝은 미소와 주먹을 꽉 쥔 동작 등을 연출해서 촬영합니다. 다만, 촬영자가 일반인이라면 동작이나 표정이 다양하지 못하므로 과도한 레퍼런스보다는 자연스러운 모습이 묻어날 수 있도록 유도하는 편이 좋습니다. 일반인 인터뷰이는 대개 손을 어떻게 처리해야 할지 잘 모르기 때문에 그 부분만이라도 제대로 가이드하면 좋은 사진을 건질 수 있습니다. 또, 인터뷰이에게 평소 찍는 셀카 방향을 물어보고 그 방향으로 촬영해도 좋습니다.

장소가 중심이 되는 경우

인물과 함께 특정 장소를 조명해야 할 때는 인터뷰이의 전신을 부각하거나 배경과 잘 어우러지게 촬영하면 됩니다. 특정 장소에서 채광이 가장 좋거나 의미 깊은 곳에서 인물을 촬영하는 것이 좋죠. 또한 장소가 중심이라면 인물의 직무와 연관될 수 있으니 인물의 직업 특성이 잘 드러나게 찍는 것도 한 방법입니다.

　장소와 별 관련 없는 스튜디오 촬영이라면 스튜디오 분위기와 잘 어울리는 복장을 미리 인터뷰이에게 요청하거나 촬영 의상을 챙겨야 합니다. 호리존 스튜디오(하얀 벽과 바닥을 서로 잇는 부분이 곡선으로 처리된 스튜디오. 피사체 모양과 색감이 깔끔하고 선명하게 나온다)에서 진행하는 촬영이라면 의상이나 소품이 주요하게 작용하기 때문입니다.

특정한 콘셉트가 있는 스튜디오에서 촬영한다면 해당 콘셉트에 걸맞은 복장을 미리 준비해야 합니다. 이럴 때는 해당 스튜디오를 인스타그램에서 검색해 다른 사람들이 찍은 사진을 확인하면 도움이 됩니다. 장소의 특성이 결과물에 큰 영향을 끼치기 때문에 스튜디오의 포트폴리오를 보면서 장소를 활용하고 모델을 촬영하는 방식을 참고하는 것이죠.

저예산
영상 콘텐츠 만들기

예산은 언제나 부족하다.

알릴 정보는 많은데 완성도 높은 영상 콘텐츠를 만들 예산은 늘 부족합니다. 영상 콘텐츠에는 인건비가 많이 들죠 그래서 브랜드 영상 콘텐츠를 맡으면 예산 때문에 주로 100~200만 원대 저예산 컨텐츠를 기획합니다. 형편이 여유로운 브랜드라면 비용을 더 투입할 수도 있겠으나 브랜드마다 사정이 다르니 거론하지 않겠습니다. 영상은 주로 1분을 넘지 않는 쇼트폼 분량이 대부분입니다. 그나마 쇼트폼 형식이 유행이라 다행이긴 하지만 '분량이 1분 안팎의 쇼트폼'이라는 뜻일 뿐 흥행하는 쇼트폼을 만드는 일은 또 다른 얘기입니다.

영상 기획안은 이렇게

영상 기획안이라고 크게 다르지 않습니다. 기획안이므로 기획 의도와 브랜드에 이바지할 내용을 적으면 됩니다. 그다음에 가장 중요한 예상 분량이 들어가죠. 영상 분량이 1~2분가량인지 5분을 넘기는지 알리고, 장르도 구분해주면 좋습니다. 영상 형식도 밝혀야죠. 모션그래픽스부터 영상 클립을 모아서 편집한 실사 영상까지 영상 형식도 다양하니까요. 영상을 구성할 때 어디에 초점을 맞출 것인지 후킹 포인트도 별도로 적어주면 좋습니다. 영상 어느 부분에 신경을 써서 이 영상이 더 잘 노출되게끔 하겠다는 내용이 드러나면 됩니다.

영상을 시청하는 독자 편에 서서 생각하고 되도록 뻔한 이야기는 피해주세요. 영상 구성의 특장점을 언급해야 설득하기에 수월합니다. 기획안을 토대로 영상을 제작할 때도 편리하고요. 예산과 대략적인 제작 일정, 출연자 정보와 소품 항목도 덧붙여주세요. 영상에서 예상할 수 있는 위험요소는 없는지도 확인해야 합니다. 브랜드는 항상 위험요소를 안고 있기에 피해야 할 단어나 콘텐츠 양식이 있습니다. 주의점도 미리 적어두면 잊지 않고 살펴볼 수 있겠죠. 레퍼런스도 첨부해서 영상을 상상할 수 있도록 안내하면 됩니다. 이렇게 길게 쓴 내용을 템플릿으로 만들면 이렇습니다.

제목: (브랜드 이름)+영상 콘텐츠 기획안

1. 기획 의도:

2. 영상 분량:

3. 영상 타입/장르:

4. 영상 구성 포인트:

5. 진행 예산:

6. 등장 인물:

7. 진행 일정:

사전준비	본촬영	편집	보고
__월 __일 예정	__월 __일 예정	__월 __일 예정	__월 __일 예정

8. 주요 소재:

9. 활용 소품:

10. 촬영 시 유의사항:

11. 영상 레퍼런스:

- (영상 제목): URL

영상 콘텐츠 예산 절약하기

이제 기획안은 작성할 수 있다지만, 사실 문제는 예산으로 가능한 창작물을 제한해야 한다는 점입니다. 예산이 100만 원인데 3D 캐릭터가 춤추는 릴스 콘텐츠를 만들 수는 없기 때문입니다. 대개 저예산 영상 콘텐츠는 영상 클립을 간단하게 편집하거나 단편적인 모션그래픽스를 활용하거나 짧은 사용 지침 또는 홍보 영상입니다. 쉽게 말하면 유명 브랜드의 모델이 CF를 공개하기 전에 인사하는 영상을 담은 콘텐츠를 발행하곤 하는데요. 편집이 거의 없는 이런 영상이 100만 원대 콘텐츠라고 보면 됩니다. 생각보다 대단한 기획을 할 수 없죠. 그래서 콘텐츠를 보는 안목을 부득이 낮춰야 합니다. 1분짜리 웹드라마를 예로 들면, 출연진과 제작진 규모에 따라 다르겠지만 보통 한 편당 예산이 2000만 원가량입니다. 적어도 500만 원은 필요하죠. 더 적은 금액으로도 가능하지만, 완성도가 떨어집니다.

그래서 저예산 영상 콘텐츠를 기획해야 한다면 간단한 모션그래픽스가 들어간 영상을 추천합니다. 모션그래픽스는 일단 돈 쓴 티가 많이 나거든요. 반드시 실사로 촬영해야 한다면 처음부터 낮은 품질을 콘셉트로 가져가는 것도 한 방법입니다. 물론 영상 콘텐츠 예산을 줄일 수도 있습니다. 여기에 두 가지 방안을 소개합니다.

① 영상 소스를 직접 찍고, 편집만 맡긴다.

직접 촬영하고 영상 편집만 외부에 맡기면 예산을 줄일 수 있습니다. 특히 영상 촬영에 소질이 있다면 이 방법을 추천합니다. 영상을 남다르게 촬영해서 편집자에게 뛰어난 원본을 공급해야 콘텐츠 완성도가 높습니다.

② 하루에 몰아서 촬영한다.

브랜드 영상 콘텐츠를 여섯 개 제작한다고 가정합시다. 영상 여섯 편을 매일 촬영하면 인건비, 장소 섭외비, 기타 부대비가 늘어날 수밖에 없습니다. 하지만 영상을 하루에 하나씩 찍을 필요는 없죠. 분량이 짧다면 하루에 여섯 편을 다 찍을 수도 있습니다. 이렇게 제작하면 충분히 예산을 절약할 수 있습니다.

대개 영상 출연진과 촬영팀 투입 인력을 줄이거나 스튜디오를 작은 곳으로 선정해서 예산을 절약합니다. 그러나 방금 설명했듯이 영상 투입 인력이나 소품을 줄일수록 콘텐츠 완성도는 떨어집니다. 예산을 줄일 방안을 찾아서 콘텐츠 비용의 효율을 높일 수도 있지만, 만능은 아닙니다. 영상 콘텐츠를 제작할 때 충분한 예산을 확보하면 가장 좋겠지만, 그렇지 못하더라도 고생 좀 한다 생각하면 마음이 편합니다.

이런 내용이 들어간 영상 기획안은 스토리보드와 묶어서 결정권자에게 올라갑니다. 스토리보드에는 영상과 관련한 이야기가 담깁니다. 영상 콘티라고도 하죠. 곧이어 스토리보드 작성법을 소개하겠습니다.

영상 콘텐츠
스토리보드 작성하기

정보보다 흐름을 살린다.

스토리보드를 기획하려면 상황을 상상하는 능력이 중요합니다. 기획안은 영상의 기획 방향, 일정, 비용 같은 정보를 중심으로 작성하는데, 스토리보드는 영상의 이야기에 집중하는 문서입니다. 그래서 읽었을 때 머릿속에 영상이 그려져야 잘 쓴 스토리보드입니다. 스토리보드를 쓰려면 상황을 상상하고 그 상상을 쪼개서 이미지로 만들어야 합니다. 여기서 고려할 점은 다음 세 가지입니다.

① 어떻게 촬영할까
② 어떤 문구(카피)가 들어갈까

제목: (브랜드 이름)+브랜디드 영상 콘텐츠 스토리보드

구분	화면 구성	스크립트(예시)	화면 레퍼런스
#1			
#2			
#3			
#4			
#5			
⋮			
#10			

③ 그림이 어떻게 나올까

대개 스토리보드는 왼쪽과 같은 형식으로 작성합니다. 제가 사용하는 '기본' 형식이므로, 영상 규모와 전개에 맞춰 활용하세요.

스토리보드는 구상한 대로 써내려가기만 하면 될 것 같은데, 오히려 기획안보다 애를 먹곤 합니다. 장면을 구성하고, 카메라 구도를 따라가고, 적절한 대사와 마땅한 장면 이미지를 찾아야 하니까요(그릴 수도 있지만, 저예산 콘텐츠에서는 굳이 그렇게 하지 않습니다). 영상 스토리를 복합적으로 엮어내야만 쓸 수 있는 문서인 셈이죠. 그래서 장면을 어디서 어떻게 나누는지부터 어려워들 합니다. 기본 양식이 있을 뿐 별다른 가이드가 없는데도 말입니다.

스토리보드에서 장면을 구분하는 기준　　● ●

저는 영상 자막을 기준으로 장면을 구분합니다. 자막과 자막 사이에 필요한 장면이 들어가면 스토리보드 사이에 장면을 해설하는 문구 정도 넣습니다. 뼈대는 영상에 삽입하는 자막(카피)인 거죠. 다만, 영상에서 카피가 전반부에는 없고 후반부에만 몰려 있거나 애초 글귀가 거의 없을 때는 이 방법을 활용하기 어렵습니다.

영상을 상상하고 전개에 맞춰 이미지부터 배치하면서 이야기 흐름을 다듬는 것도 방법입니다. 확실하게 장면을 구분하고 카피를 작성한 다음 알맞은 이미지를 찾는 것보다 이미지에 맞춰 카피를 쓰는 편이 더 수월해서 재빨리 스토리보드를 작성할 수 있습니다. 다만, 스토리보드에 넣은 이미지가 곧 레퍼런스이기 때문에 촬영할 때 고려해야 하는 장면 구성을 상세하게 적어두어야 합니다. 촬영자가 수월하게 작업하도록 원하는 앵글을 제시하는 거죠.

스토리보드를 작성하기 전에 확인하기 ● ●

기획안이나 스토리보드를 구성할 때는 현장에서 일어나는 돌발상황의 대안, 브랜드에서 사용하면 안 되는 표현과 단어를 고려해야 합니다. 업종마다 법으로 제재하는 콘텐츠 표현방식이 있기 때문이죠. 주류 브랜드라면 만취를 연상하게 하거나, 음주를 조장하거나, 음주가 일상에 도움이 된다는 뉘앙스를 풍기는 표현을 주류법으로 규제합니다. 그래서 영상 콘텐츠에 이런 문구나 장면이 들어가면 당연히 제재를 받습니다. 과장된 카피 역시 제재 대상이니 업종마다 가이드라인을 고려해서 스토리를 구성해야 합니다. 또 브랜드에 따라다니는 부정적인 인식을 건드리는 표현도 피해야 합니다. 이 점은 브랜드 발자취를 잘 살펴봐야 알수 있는데요. 콘텐츠 제작자로서 브랜드 이해도가 낮다면 기획 단계에서 주변 사람들에게 확인하는 편이 안전합니다.

스토리보드 작성할 때 알아두면 도움이 되는 용어 모음

대개 스토리보드에는 읽는 사람들이 알아보기 쉽도록 전문용어를 사용합니다. 평소 잘 쓰지 않더라도 영상 프로덕션과 작업할 때 알아두면 유용하죠. 그래서 이들 용어를 정리해보았습니다.

1. #(숫자)

#은 씬Scene, 장면이라고 읽습니다. # 뒤에 숫자를 붙여 구분합니다.

2. 트랜지션Transition

화면 전환 효과

3. ′(분) ″(초)

영상 시간을 표시합니다. 작은따옴표는 ′(분), 큰따옴표는 ″(초)입니다. 예를 들어 6′32″는 6분 32초입니다.

4. 프레임Frame

영상을 구성하는 한 컷(그림 한 장, 한 장면). 카메라 기능을 설정하거나 영상을 편집할 때 보게 되는 단위입니다.

5. 인서트Insert

특정한 상황을 강조하기 위해 삽입하는 자료. 영상에 음식을 먹는 장면이 들어간다면 먹기 전에 음식만 아주 먹음직스럽게 부각해서 촬영하는 식입니다.

6. F.I. Fade In

화면이 잘 안 보이다가 점점 밝아지며 선명해지는 영상 효과. 시간의 흐름 등을 보여주기 위해 활용합니다. 반대 개념은 F.O.Fade Out.

7. 오버랩Overlap

화면을 겹치면서 전환하는 편집기법

8. NARNarration

내레이션. 화면 밖에 있는 화자가 장면을 해설하는 부분입니다.

9. E Effect

효과음. BGM은 배경음악입니다.

10. 앵글Angle

피사체를 촬영하는 카메라 구도로, 대개 세 가지입니다.

① 아이레벨Eye level : 카메라가 인물 눈높이에서 촬영하는 앵글

② 하이앵글High angle : 카메라가 인물보다 높은 위치에서 인물을 내려다보는
앵글

③ 로우앵글Low angle : 카메라가 인물보다 낮은 위치에서 인물을 올려다보는
앵글

11. 샷Shot

대개 다음 네 가지로 구분합니다.

① 롱 샷Long shot : 인물 말고도 배경이 충분히 보일 만큼 먼 거리에서 찍는 방식

② 풀 샷Full shot : 인물 머리부터 발끝까지 모두 화면에 들어오는 거리에서 찍
는 방식

③ 바스트 샷Bust shot : 인물 허리 윗부분까지 들어오는 거리에서 찍는 방식

④ 클로즈업 샷Close up shot : 인물의 특정 신체 부위를 강조하기 위해 아주 가
까이서 찍는 방식

3단계 표현법

웃음과 감동의 핵심 스킬

CONTENTS

재미를 만들어내는
두 가지

감이 아니라 구조로
재미를 불러내보자.

'재미'있는 콘텐츠를 만들기 위해 오늘도 많은 콘텐츠 기획자가 머리를 굴립니다. 대개는 '감'에 의지하기 때문에 감이 뛰어난 기획자가 두각을 나타내죠. 하지만 '감'에 의지하면 콘텐츠가 불규칙합니다. 늘 '감'이 떠오르는 건 아니니까요. 타석에서 무모한 콘텐츠로 홈런을 노리지 말고 차라리 안전하게 안타를 치는 편이 낫습니다. 채널이 유지되는 동안 콘텐츠는 이어지니까요. 매번 홈런을 칠 수도 없고 '감'은 점차 무뎌지기 마련입니다. 확실하게 안타 치는 콘텐츠를 장기간 끌고 가야 더 효과적이라는 생각으로 안정적인 콘텐츠를 기획해야 합니다. 안타를 칠 수 있어야 홈런도 터지니까요. 그렇다면 안정적으로 흥행할 수 있는 콘텐츠를 '감'에만 의지하지 않고 재미있게 만드는 방법은 뭘까요?

앞서 소개한 콘텐츠 구성의 3요소(정보, 공감, 재미)를 들어 설명해보겠습니다. 브랜드에는 전달하고 싶은 정보가 있습니다. 정보는 '타깃'이 있죠. 우리는 이 타깃의 심경에 변화를 일으키는 '공감 가는 이야기'를 엮어냅니다. 그들이 관심을 보일 만한 상황을 설정하고 이야기의 서사를 만들죠. 여기까지가 정보와 공감의 영역입니다. 이 이야기의 타깃 세대가 쓸 법한 은어나 인터넷 밈 등을 활용해 플랫폼에 알맞은 분량으로 이야기를 표현합니다. 독자들은 콘텐츠를 읽으며 재미있다고 말하죠. 그러니까 '재미있는 콘텐츠'는 타깃이 좋아하고 즐겨 쓰는 은어 표현과 관련 있습니다. 독자가 서사의 강약이나 문장과 표현 단어가 좋아서 계속 찾게 되는 식이죠. 재미를 엮어내는 기술이란 바꿔 말하면 표현을 갈고닦는 방법입니다. 저는 이 기술을 두 가지로 나눕니다.

① 서사의 처음과 끝을 비틀어 결말에서 재미를 터트리는 접근법
② 재미있는 문체로 사람들의 마음을 홀리는 문안을 쓰는 방법

저는 첫 번째를 구조적 접근, 두 번째를 카피라이팅이라고 합니다. 두 방법 모두 전문 기량과 안목에 끈기까지 필요해서 하루아침에 갑자기 통달하기는 어렵습니다. 그래도 콘텐츠를 계속 만들다 보면 터득할 수 있습니다. 특히, 첫 번째 접근법은 기법만 알면 실전에서 바로 활용할 수 있습니다.

구조를 활용해 재미를 낚기 ● ●

독자들은 콘텐츠 내용 전체를 떠올리진 못해도 콘텐츠를 보며 든 당시 기분은 기억합니다. 우리가 만드는 콘텐츠라는 건 독자들에게 어떤 기분이 들도록 만드는 게 아닐까 싶습니다. 이왕이면 브랜드를 마주했을 때 기분이 좋아야 고객이 그 제품을 계속 찾을 테니까요. 그렇다면 분량이 한정된 소셜미디어 콘텐츠로 독자들에게 긍정적인 느낌표(!)를 남기려면, 다시 말해 독자들의 마음을 '자극'하려면 어떤 구조적 방식을 써야 할까요? 생각은 언제나 개인 경험에서 출발합니다. 재미있게 본 브랜드 콘텐츠의 구조와 그 이유를 생각해보면 공통점을 한 가지 찾을 수 있습니다. 바로 결말이 뻔하지 않다는 거죠.

콘텐츠 분량과 관계 없이 대개 이야기는 순행 구조입니다. 이야기를 시작하면 독자들은 대강 결말을 짐작하면서 이야기를 따라 끝으로 달려갑니다. 흡입력 있는 이야기를 만나면 '이야기에 힘이 있다'고 표현하는데, 그 이유는 이야기가 흘러가면서 에너지가 붙기 때문이에요. 이야기 구조를 비트는 변화에 따라 에너지는 달라집니다. 다큐멘터리처럼 시작부터 끝까지 구성에 별다른 변동이 없으면 평양냉면같이 심심하고 담담한 매력이 살아나고, 예기치 못한 결말을 마주하면 독자들 마음에 '동요'가 일죠. 당연하지 않은 결말로 이끌거나, 서사의 결말을 먼저 보여주고 나서 과정을 이야기하듯이 이야기의 순행 구조를 바꾸면 우리는 그 변화를 읽으며 동요합니다. 그리고 웃기고, 슬프고, 완전 내 얘기인 듯 감정을 느낍니다. 이렇게 브랜드 콘텐츠로 독자의 심경에 변화를 주는 겁니다.

흔히 독자들은 브랜드 콘텐츠가 광고로 끝을 맺을 거라 생각합니다. 광고가 목적이니까요. 그래서 콘텐츠를 재미있게 만드는 기획자들은 결말을 다양하게 바꿉니다. 예상에서 벗어난 결말을 보여주거나 예상한 결말 뒤에 이야기를 덧붙이는 식이죠. 이렇듯 독자들에게 새로움을 안기는 방법은 뻔할 수도 있는 브랜드 콘텐츠에 재미를 입힙니다.

참고로 재미있다는 표현은 유머러스하다는 말과 좀 다릅니다. 재미는 기본적으로 감정에 동요를 일으킵니다. 공감대를 형성하면서 감정에 변화가 생겨 이야기의 흐름대로 콘텐츠를 이해했다는 뜻이지, 그저 웃기다는 의미는 아니지요.

글이나 영상 콘텐츠의 분량이 길면 서사에 굴곡을 줄 수 있어 재미를 풀어가기가 수월합니다. 그런데 소셜미디어의 브랜드 콘텐츠는 대부분 단일 이미지여서 서사 길이가 무척 짧습니다. 소셜미디어 사용자들이 긴 서사를 견뎌내기에는 인내심이 없기 때문이기도 한데요. 짧은 이야기의 구조를 활용해 재미를 만들어내라니, 참 어렵죠. 그래서 저는 보통 정방형 이미지 기준으로 한 장을 두 컷으로 쪼개거나 길어도 여덟 장 안에서 글줄이 두 줄을 넘지 않는 카드뉴스와 인스타툰 기획을 선호합니다. 이 중에서 첫 번째 기획법을 소개하겠습니다.

일단 정방형 이미지 한 장을 두 컷으로 쪼개서 콘텐츠를 만든다면 상단 첫 번째 컷은 등장인물이 이야기의 운을 떼는 단계입니다. 이야기의

시선 방향

① 구역

· 상황을 설명하고 이야기의 운을 떼는 구역
이야기의 시작과 전개 내용을 압축적으로 전달하기
· 상황을 보여주며 인물의 대사로 이야기를 전개하기

시선 방향

② 구역

· 상황을 정리하고 강한 메시지를 담는 구역
① 구역에서 나온 이야기를 뒤집는 등 변주하기
· 이야기 흐름을 비트는 구성과
센스 있는 카피라이팅으로 콘텐츠의 재미 살리기

시선 방향

① 구역	② 구역
· 일반적인 상식이나 편견을 표현하는 공간	· ① 구역과 대비되는 메시지를 넣어 콘텐츠의 재미를 만들어내는 공간

시선 방향

· 쉽게 말해
희망 편

· 쉽게 말해
현실(절망) 편

대비가 극명할수록
재미 UP

시작과 전개를 알리는 내용이 들어가야 하죠. 두 번째 컷에서는 앞 컷과 반대되는 이야기를 하거나 엉뚱한 방향으로 튑니다. 간략하게 도식으로 정리하면 앞 쪽과 같습니다.

독자들이 콘텐츠 하나를 보는 데 들이는 시간이 매우 짧아서 이렇게 짧은 서사의 구조를 다채롭게 변형해서 재미를 엮어낸 콘텐츠가 사실 가장 반응이 좋습니다. 이런 방식으로 콘텐츠를 잘 만들어내는 인스타툰 작가도 많습니다. '#인스타툰' 해시태그를 검색해서 여러분이 좋아하는 작가를 선택하고 그 작가가 콘텐츠를 전개하는 방식을 연구하면 여러분만의 스타일을 쌓을 수도 있습니다. 구조적 방법이 있으면 표현만으로도 재미를 만들어낼 수 있습니다. 이런 기술을 '카피라이팅'이라고 하죠.

머리에 맴돌게 하는
카피라이팅

인상 깊은 개념과
단어를 연결한다.

카피라이팅이라는 단어는 두 번 연속 앞구르기를 하고 봐도 뭔가 거창
해 보입니다. 쉽게 표현하면 '광고 문구'인데 말이죠. 있어 보이게 만드
는 기술을 참 잘 활용한 단어 같습니다. 흔히 카피라고 하면 유튜브나
티브이에서 만나는 광고 문안이 가장 먼저 떠오릅니다. 하지만 광고를
위한 콘텐츠에 들어가는 문구는 모두 카피라고 할 수 있습니다. 브랜드
콘텐츠를 위해 문안을 길어 올리면 모두 카피고, 카피라이터인 거죠. 그
렇다면 카피라이팅은 일반 글쓰기와 어떻게 다르길래 따로 이름까지
붙였을까요?

카피라이팅은 머릿속에 있는 아이디어나 생각의 실마리를 글로 표현

하는 일입니다. 창의력이 필요해서, 피곤합니다. 만족할 만한 문장이 나올 때까지 단어를 넣다 뺐다 하며 고치는 고된 과정을 반복합니다. 그렇게 고민해도 매번 만족스럽지 않습니다.

생각해보면 우리는 온종일 모니터, 길거리 전광판, 전단, 핸드폰 화면에 눈길이 머물 때마다 정말 수많은 광고 문구를 마주칩니다. 오늘 하루 스쳐 지나간 수많은 카피를 떠올려보세요. 그중 몇 개나 기억이 나나요? 예상컨대 세 개도 안 될 겁니다. 그저 '눈길이 닿아서' 보지만, '기억할 만큼' 제대로 읽지는 않기 때문이죠.

그렇다면 느슨해진 소셜미디어 광고 콘텐츠들 틈에서 긴장감을 안기는 카피는 어떻게 나올까요? 기억에 남느냐 아니냐의 차이를 만들어내는 카피라이팅이 필요하거니와, 어떻게 쓰느냐가 관건이겠죠. 그 전에 먼저 카피라이팅의 목적을 이해해야 합니다. 저는 이 목적을 세 가지 정도로 구분하는데, 바로 암시, 시선 강탈, 선별입니다. 그럼, 암시부터 살펴보겠습니다.

암시 ● ●

브랜드 콘텐츠의 목적은 소비자가 브랜드와 콘텐츠에서 언급하거나 추천한 제품을 선택하도록 그들 마음에 발자국을 남기는 데 있습니다. 말하자면 암시를 거는 거죠. 사람들은 평소 무차별적으로 정보를 습득합니다. 그중 넌지시 다가오는 메시지를 선별해서 기억합니다. 콘텐츠를 보고 마음에 새겨진 메시지가 나중에 소비하는 순간까지 뇌리에 남습니다. 그래서 브랜드들은 사람들 마음에 호감을 남기기 위해 암시를 거는 카피 콘텐츠를 꾸준히 발행합니다. 단기 기억에 가닿은 긍정적 이미지가 고객 머릿속을 떠나지 않도록 말이지요.

콘텐츠로 줄기차게 암시를 걸려면 유려하기보다는 자꾸 마음에 걸리도록 문장을 만들어야 합니다. 그러려면 가장 먼저 여지를 남겨야 하죠. 이런 글쓰기 기술은 '사람의 마음을 헤아리는 연습'에서 출발합니다.

가장 쉬운 암시, 페어링　　● ●　●

'바늘 가는 데 실 간다'는 속담이 있습니다. 문제와 답은 언제나 엮여 있죠. 문제가 바늘이라면 브랜드 제품은 실(해결책)입니다. 이런 방식으로 묶인 광고 문구를 많이 보았을 텐데요.

상처 난 데 후시딘
숙취엔 헛깨수

이런 기법을 '페어링'이라고 합니다. '연어엔 청하', '삼겹살엔 처음처럼'같이 함께 먹을 때 더 구미를 당기게 하려고 식음료 브랜드에서는 잘 어울리는 조합끼리 페어링해서 카피를 내보냅니다. 다만, 단점이 있는 데요. 이렇게 페어링해서 사람들에게 메시지를 밀어 넣으려면 끊임없이 눈에 띄어야 하는데 이 과정에서 피로가 쌓일 수 있습니다. 그래서 직접 제시하기보다는 넌지시 흘리는 듯한 '암시'가 더 효과적입니다.

암시를 내세운 간접 표현 ● ●

사전에서 암시를 찾아보면 '뜻하는 바를 간접적으로 나타내는 표현'이라고 풀이합니다. 드러내고 싶은 메시지를 직접 언급하지 않고 에둘러서 전달하는 방식이죠. '피곤해'라고 하지 않고, '오늘 다이내믹한 하루였어'라고 말하는 것이 암시입니다. 콘텐츠에서는 이렇게 표현합니다.

직접 화법 : 이 새로운 태블릿피시, mini를 사세요.
암시 화법 : 당신의 창의성에 마침표를 찍을 마지막 한 조각, 태블릿피시.

받아들이는 이의 창의성은 상관없습니다. 이 제품이 영감을 불어넣을 것처럼 암시를 주기만 해도 관심 있는 사람들은 기꺼이 지갑을 열려고 고민할 테니까요. 사람들은 부족함 없이 준비되었을 테니, 상황만 도와주면 된다는 식으로 접근할 수도 있습니다.

직접 화법 : 품질 좋은 한돈을 드세요.

암시 화법 : 가족에게 좋은 고기를 먹일 땐, 한돈으로.

한돈이 좋은 고기라는 메시지를 밑바탕에 깔고, 소중한 이와 함께 먹을 때만큼은 좋은 고기를 선택하라고 암시를 주죠. 이처럼 메시지를 직접 말하지 않고 돌려서 전달하면, 사람들이 '상황을 인식해서' 받아들이기 때문에 더 효과적입니다. 다음은 시선 강탈입니다.

시선을 강탈하는
카피라이팅

유독 눈길을 끄는 카피에는
'이것'이 있다.

우리 눈은 보이는 대로 정보를 수집합니다. 그중 상황을 이해하기 위해 글귀를 가장 먼저 찾아 읽고, 판단에 필요한 정보만 남긴 채 나머지는 잊어버리죠. 이런 본능은 오프라인에만 해당하지 않습니다. 콘텐츠가 비처럼 쏟아지는 소셜미디어에서 눈길을 끄는 콘텐츠는 상황 판단에 필요한 정보가 아니더라도 그저 마음에 들어서 기억하기도 하는데요. 왜일까요?

'기분'을 불러일으키는 문장 ● ● ●

시선이 가는 문장은 대개 읽는 사람이 어떤 긍정적이거나 부정적인 기분에 젖어들어서 기억하게끔 만듭니다. 물론, 광고 결과가 브랜드에 긍정적인 고객 행동으로 이어지려면 고객 기분이 좋아지도록 유도해야 합니다. 긍정적인 기분을 끌어내는 문구를 작성하는 원칙은 단 하나입니다. 바로 '이 문구를 소비한 사람이 기존의 부정적인 감정을 해소할 수 있을 것만 같은 기분을 느끼게 해주는 것'이고, 이런 카피가 대개 사람들 눈에 밟힙니다. 즉, 유독 눈길을 끌어당기는 카피 문구는 '응원을 거쳐서 감정적인 연결'에 신경 씁니다. 브랜드는 고객을 응원하는 문구로 '더 나은 삶'의 가능성을 제시하고, 고객이 그렇게 될 수 있도록 조력자로서 돕겠다는 자세를 내보이죠. 판매 의도를 적극 드러내기보다는 은연중에 응원 메시지를 전하며 고민을 안고 있는 사람들 눈이 꽂히게 만듭니다. 브랜드는 누군가의 불편을 개선하기 위해 제품을 만드니까, 이런 문구는 오히려 쉽게 떠오를 겁니다.

우리 뇌는 부정을 모른다 ● ● ●

'지금부터 코끼리를 생각하지 마세요.' 이 문장을 읽은 여러분 머릿속에는 코끼리가 떠오를 겁니다. 이처럼 부정문을 활용하는 방법도 시선을 빼앗는 데 유용합니다. 우리 뇌는 생각하지 말라는 명령을 수행하지 못합니다. 부정적인 정보를 감지하고 대비해야만 생존에 유리하다는 인식이 유전자에 새겨졌기 때문이죠. 그래서 부정적인 문장은 더 강하고 빠르게 인지합니다. 특히 '하지 말라'고 표현하면 오히려 더 하게 됩니다. 그래서 부정형 문장으로 눈길을 끌고 그 밑에 긍정적인 글귀와 브랜드를 배치해서 대비되도록 카피를 작성하면 시선을 사로잡고 브랜드 각인까지 시도할 수 있습니다. 같은 메시지를 강하게 또는 극단적으로 표현하는 방법도 효과가 있습니다. 일반적인 청유형 문장을 강한 표현으로 바꾸는 기법인데요. '여행 가자'를 '도망가자'로 바꿔 말하던 광고가 생각날 겁니다. 이렇게 강한 표현은 일반 문장을 친한 친구에게 말을 건다는 생각으로 거칠게 바꾸면 됩니다. 물론 비속어는 배제해야죠.

고객 표현을 인용하기 ● ●

제품 설명서 도입부에 흔히 사용하는 문장 중 하나가 만족도 높은 고객의 실제 후기를 인용한 글입니다. 제품 카피를 불신하는 사람들이 먼저 후기를 찾아 읽자, 브랜드에서 아예 구매자 후기를 카피 요소로 활용하면서 이런 바람이 불었습니다. 그래서 구매 후기를 성의 있게 또는 재미있게 작업해서 올리는 바이럴마케팅을 브랜드 광고에 도입하기도 합니다. 후기의 힘은 소비자끼리는 진솔하게 평가할 거라는 신뢰를 토대로 작동하는데요. 고객 후기를 카피 요소에 넣는다면 만족도 높은 고객의 후기를 활용하면 됩니다.

이런 카피는 브랜드와 제품의 신뢰도를 높일 수 있습니다. 다만, 긍정적인 후기를 마구잡이로 나열하기보다 가장 웃기고 재미있는 내용을 선택하는 것이 좋습니다. 후기도 뻔하지 않고 재미있어야 클릭을 부르니까요. 제 눈길을 낚아챘던 문장 중에 '고양이 똥삽계의 포르쉐'가 있었습니다. 그 제품이 제게 그만큼 유용하지는 않았지만, 계속 기억에 남아 구매까지 하게 되었습니다. 하지만 이렇게 다른 업계의 최고 브랜드를 상업적 목적으로 언급하면 문제가 발생할 수 있으니 되도록 대명사를 사용하기 바랍니다. 주얼리 브랜드 이름보다는 다이아몬드라고 언급하는 방식으로 말이죠.

숫자는 눈에 들어오기 마련　　　● ●

우리 눈에는 글자보다 숫자가 먼저 들어옵니다. 글자보다 더 직관적인 기호이기 때문이죠. 표지판에 글자를 빼곡히 적어 설명하기보다 그림을 활용하는 것이나, 기업에서 매출은 숫자로 나타내고 적자나 매출 감소는 일부러 한글로 표기하는 것도 같은 맥락입니다. 브랜드와 관련된 긍정적인 숫자는 아라비아숫자로 밝히는 것이 눈길을 끌기에 좋습니다. 만족도 높은 고객의 수라든지 주요 제품 성분의 함량처럼 고객에게 신뢰를 심어줄 수 있는 숫자라면 반드시 적어넣어야 합니다. 영리하게 숫자를 활용한 브랜드도 있습니다. 1800년대에 시작한 브랜드가 아닌데도 브랜드 이름 앞에 숫자를 붙여서 고객이 마치 유서 깊은 브랜드로 알고 소비하도록 콘셉트를 잡는 거죠. 그런 숫자를 보면 으레 설립연도인 줄 아니까요. 첫 번째, 두 번째, 3번째, 네 번째, 이런 식으로 중간에 일부러 숫자를 끼워넣어서 문장을 강조하는 방법도 영리한 작전입니다. 오탈자인가 궁금해하면서 그 문장을 읽어볼 테니까요. 이렇듯 숫자가 눈에 잘 꽂힌다는 특성을 영리하게 활용해서 재미있게 변주해보세요.

눈과 뇌가 기억하는
카피라이팅

좋은 글도 기억에
남아야 보배

여러분이 오늘 마주친 모든 문구와 이미지를 기억하지 못하는 것처럼 우리는 모든 정보를 기억하지 않습니다. 선별해서 읽고 일부만 선별해서 기억하죠. 그래서 사람들 눈이 골라내도록 카피를 써야 합니다. 아무런 의미가 없거나 뻔한 카피는 선택되지 않습니다. 무시당하고 잊힙니다. 그렇다면 사람들이 선별해서 기억하는 카피는 어떻게 쓸까요? 사람들이 기억하는 카피는 대개 세 부류입니다. 사람들에게 필요한 정보거나, 특정한 의미가 있거나, 웃음을 안긴 문안이죠. 기본적으로, 선별되어 기억에 남는 카피는 타깃 독자들과 공감대를 성공적으로 형성한 문장입니다. 독자들 마음에 들어서 기억에 남기 위해 매력도를 높이는 과정이죠. 매력도는 타깃에 따라 달라지니까요. 바로 그래서 우리는 소셜미디어 콘텐츠의 광고 문안 하나를 꽤 여러 번 다듬는 과정을 거칩니다. 수많은 브랜드가 그런 작업을 합니다. 이렇게 눈에 띄고 선별되는 콘텐츠 사이에서 정점에 올라서는 비법은 바로 '고객이 듣고 싶은 말'입니다.

고객이 듣고 싶은 말　　　● ●

우리가 하고 싶은 것은 우리가 지금 할 수 없는 일입니다. 우리는 할 수 없는 일을 더 갈망하기 때문입니다. 결핍이라고도 하죠. 흔히 비즈니스에서는 '고객의 니즈를 파악하라'고 표현합니다. 사람들은 대개 현재 결핍된 것을 원하기 때문에, 할 수 없는 일을 먼저 파악하기만 해도 브랜드 콘텐츠 기획이나 카피라이팅에 제법 도움이 됩니다. 그래서 브랜드 콘텐츠의 카피를 쓸 때는 '할 수 없는 일을 브랜드가 할 수 있게 해주겠다' 또는 '같이 하자' 같은 메시지로 전달할 수 있습니다. 소망을 들려주는 카피의 원리는 이렇듯 간단합니다. 구조를 만들어보면 이렇습니다.

Want : 마음껏 먹고 싶다(식욕, 기본욕구) +

Can't : 다이어트 때문에 마음껏 먹을 수 없다(욕구 부정) =

Copy : 마음껏 먹자!(의도) → 배고픈 일상일수록 맛있게 마음껏, ○○○○

그런데 생각해보면 결핍은 저마다 다르기 마련입니다. 취향도, 기준도 제각각이죠. 욕구도 주관적 영역이기에 너무 색다른 욕구는 공감을 얻기 힘듭니다. 그래서 욕구를 활용해 카피라이팅 할 때는 인간의 기본욕구에서 출발하는 것이 좋습니다. 인간의 기본욕구를 포함해서 '돈을 벌고 싶다', '편하고 싶다', '시간을 아끼고 싶다', '놀고 싶다', '인정받고 싶다', '건강하고 싶다'처럼 평소 우리가 '~하고 싶다'라는 표현에 붙일 수 있되 보편적인 욕구면 됩니다.

다만, 주의할 점이 세 가지 있습니다. 우선, 결핍을 적극 해소하도록 특정 소비나 행동을 유도하는 것이 중요하지만, 그렇다고 '강요하는 뉘앙스'를 풍기면 역효과가 날 수 있습니다. 어디까지나 결핍을 다루는 카피라면 브랜드가 고객 편에 서서 고민했고 그들을 위한 방법을 제안한다는 방향으로 접근하는 것이 바람직합니다.

두 번째로, 결핍을 건드려서 수요를 일으킬 때는 독자가 이야기 속 제3자의 상황을 보고 본인 처지와 비슷하다고 깨닫게 하는 방식으로 접근해야만 심리적 저항을 줄일 수 있습니다. 같은 이야기라도 대놓고 하기보다 타인의 이야기로 에둘러 전달하면 덜 비판적으로 받아들이고 뉘앙스도 더 잘 가닿습니다. 흔히 '내가 아는 사람 얘기인데' 접근법이라고도 하죠.

세 번째로, 결핍을 해소하는 방향이 고객의 삶을 바람직하게 향상시킬 수 있다는 점을 알아차리도록 세심하게 카피를 써야 합니다. 묘사는 꼼꼼할수록 좋습니다. 예를 들어 화장품 브랜드 제품을 홍보하는 카피에서 '초건성 수부지 피부였는데, 이 제품을 쓰고 나서 보들보들해졌어요'라는 문장을 '방금 피부과에서 관리받고 나온 물광 피부가 됐어요'와 같이 피부가 특별히 좋아진 상황을 설정해서 표현하면 더욱 효과적으로 결핍을 해소하는 느낌을 줄 수 있습니다.

우리가 하고 싶은 말을 고객이 듣고 싶은 말로 포장하는 기술이 브랜드 콘텐츠 기획에 필요하다는 점에서, 결핍을 활용하는 방법은 가장 기본이면서 효과적인 카피라이팅 기법이라 할 수 있습니다.

단어 퍼즐과
표현 비틀기

제품 메시지는 하나라도
마케팅 표현방식은 여럿

브랜드 콘텐츠 카피를 쓸 때 가장 기본이 무엇이냐는 질문을 받은 적이 있습니다. '기본'이라는 말이 이렇게 어려운 단어였나 싶었습니다. 그동안 저 역시 카피라이팅의 기본을 깊이 생각해본 적은 없기 때문이었죠. 콘텐츠 카피를 쓰는 제 모습을 가만히 들여다보니 제가 생각하는 카피라이팅의 기본은 두 가지였습니다. 단어 퍼즐과 같은 표현을 다르게 비트는 것입니다.

단어 퍼즐

● ●

단어 퍼즐이란 말 그대로 문장에 단어를 넣었다 뺐다 하면서 문장을 엮어가는 기법입니다. 문장의 기본형을 짜놓고 추가하기도 하고 널리 알려진 밈이나 문장을 변형하기도 합니다. 이 모두가 단어 퍼즐에 해당합니다. 문장에 넣을 단어를 고민하는 건 카피라이팅의 기본이니까요. 다만, 어휘력과 감각에 따라 실력 차이가 크기 때문에 평소 쓸 만한 단어를 모으거나 말장난을 치면서 단어를 가지고 노는 습관이 있다면 꽤 도움이 됩니다.

이 기법이 일반적인 카피라이팅에 해당한다면 소셜미디어에서는 한 걸음 더 나아갑니다. 단어 하나의 글자를 쪼개서 재배열하는 것도 좋은 방법입니다. 일단 기억에 곧잘 남거든요.

예를 들면 과일 '샤인머스캣'을 소셜미디어에서 '머인샤스캣'이라고 부른 적이 있습니다. 뇌리에 강렬하게 남아서 사람들이 샤인머스캣을 '샤머' 혹은 '머인샤스캣'이라고 불렀죠.

단어 퍼즐을 참 잘했다고 생각한 가게가 둘 있습니다. 한 군데는 망원동에서 방문한 곳이었어요. 아직도 운영하는지 모르겠지만 가게 천장에 '원하고 원망하죠'를 '원하고 망원하죠'라고 바꿔놓았더군요. 혜화동에 있던 한 가게 표지판에서 본 '나무요일'이라는 상호는 '목요일'의 '목'을 '나무'로 낯설게 표현한 덕분에 인상 깊었습니다. 낯섦에서 오는 신기함과 호기심이 제 발걸음을 가게로 이끌었죠.

128

같은 말도 다르게 하기 ● ●

'같은 말을 다르게 하기'는 카피라이팅의 존재 이유입니다. 초점을 맞추자면 '다르게 하기'가 핵심이지요. 우리가 브랜드 이름으로 만들어야 하는 수많은 콘텐츠의 목적지는 하나입니다. 고객이 자사 제품을 구매하도록 유도하거나 브랜드 이미지를 끌어올리는 거죠. 대놓고 구매를 강요하는 카피는 독자들이 달가워하지 않습니다. 마치 데이트 앱에서 이성을 고르듯 한순간에 볼지 말지를 결정하는 독자들에게 마구 들이대는 브랜드 콘텐츠 카피는 불편함만 안깁니다. 그렇다면 '같은 말을 다르게 하는 카피라이팅'은 어떻게 할까요? 우선, 문장부터 이해하고 넘어가겠습니다. '문장'은 '의미를 표현하기 위한 특정 단어들의 모음집'입니다. 그래서 같은 의미도 다르게 표현할 수 있습니다. 예를 하나 들어보겠습니다.

의미를 그대로 유지하고 다양하게 써보기

제시어 : 출입 금지

의미 추출 : 들어가지 마시오.

– 이곳은 관계자도 들어가지 못합니다.

– 문처럼 보이지만 벽입니다.

– 들어갈 땐 마음대로여도 나올 땐 아니란다.

– 문 뒤에는 큰 곰이 있고, 사람을 찢습니다.

‒ 이 문을 연 자, 오늘 악몽을 꿀 것이다.

출입 금지를 뜻하는 문장 '들어가지 마시오'를 다르게 표현해보았습니다. 이처럼 평소 익숙한 글귀나 단어를 색다르게 표현하면 문장이 낯설어지면서 위트 넘친다거나 재미있다는 반응을 얻을 수 있습니다. 브랜드 콘텐츠에 들어가는 표현은 일상의 언어를 그대로 가져오지 않고 나름 신경 썼다는 뉘앙스를 낯선 표현으로 강조하는 거죠. 다르게 표현하려고 노력하면 고루했던 브랜드 콘텐츠 카피가 확연히 달라지는 걸느낄 수 있습니다.

결말을 먼저 보여주고
과정을 궁금하게

광고의 목적지는
독자도 다 안다.

결론부터 말하면 콘텐츠에서 전달하려는 결말에 물음표를 붙이면 됩니다. 바로 이렇게요.

결론 : 결말에 물음표를 붙이면 사람들은 참지 못한다.
카피 : 결말에 물음표를 붙이면 사람들은 참지 못한다?

정말 쉽고 간단한데 효과적이어서 브랜드 콘텐츠 썸네일에서 가장 많이 사용하는 카피라이팅 기술입니다. 문장력으로 독자를 유혹하죠. 원리를 알면 응용하기도 쉬우니, 방금 든 예시로 설명하겠습니다.

결론 : 결말에 물음표를 붙이면 사람들은 참지 못한다.

→ 닫힌 문장, 여지없이 종결

카피 : 결말에 물음표를 붙이면 사람들은 참지 못한다?

→ 열린 문장, '왜'라는 '과정'이 궁금해진다.

결말에 물음표를 붙이면 생겨나는 효과가 있습니다. 우선, 무심히 넘기려던 것도 궁금하게 만드는 힘이 있습니다. 물음표 자체가 '의문'을 상징하는 기호이기에, 우리는 명제에 의문을 제기하는 물음표를 보면 답을 찾습니다. 그리고 결말에 이르는 모든 단계인 '과정'을 궁금해하며 콘텐츠를 소비하죠. 실제로 독자는 '물음표 다음에 올 답변은 이제부터 콘텐츠에서 알려주겠지'라고 생각합니다. 광고거나 별 내용이 아니라는 것을 알면서도 호기심이 일거든요. 이 호기심을 자극하기만 해도 독자들은 브랜드 콘텐츠에 빠져듭니다. 그래서 콘텐츠 썸네일에 가장 많이 쓰죠. '물음표'라는 기호에 담긴 '상징적인 힘'을 활용한 카피라이팅 기법이라고 할 수 있습니다.

그렇다면 모든 콘텐츠 카피에 물음표를 써도 될까요? 탐사형 콘텐츠 콘셉트라면 물론입니다. 결말은 새겨넣어야 하는 메시지고, 과정은 기억하게 만드는 맥락이니까요. 다만, '과정'의 맥락이 콘텐츠를 소비하는 독자에게 인상 깊게 남을 만한 정보거나 내용이 아니면 '어그로'를 끄는 브랜드 콘텐츠라는 오명을 뒤집어쓸 수도 있습니다.

그다지 좋아 보이지 않는 평가를 얻는 이유는 '과정'이 결론보다 도드라지지 못하기 때문이에요. 사람들이 물음표를 보고 답을 찾는 심리가 본능이라면, 콘텐츠는 브랜드가 물음표 뒤에 숨겨둔 궁금증을 해소했을 때 만족감이 들 만큼 의미 있거나, 새롭거나, 재미있어야 합니다. 그래야 독자들이 콘텐츠에서 만난 '과정'과 '결말'을 모두 잘 소화해서 기억하게 됩니다. 물음표에 담긴 힘은 강력합니다. 물론 이 강력한 힘을 올바로 썼을 때 가장 효과적이겠죠.

물음표를 활용한 썸네일과 제목 짓기 기술을 알았으니 아마도 지금쯤 또 다른 방법이 궁금해졌을 겁니다.

2초 만에 독자를
유혹하는 법 5

궁금한 내용은 숨기고 더 궁금하게 만드는 내용을 드러낸다.
끝까지 보고 나서도 독자의 기분이 좋아야 한다.

물음표가 호기심을 자극하는 이유는 물음표 뒤에 정답이 있기 때문입니다. 이 정답을 궁금하게 만드는 썸네일의 내용을 잘 뽑는 비결은 이 밈이 대신 설명합니다.

사람을 화나게 하는 방법은 두 가지인데, 첫 번째는 말을 하다가 마는 것이고

말을 하다가 도중에 멈추면 우리는 답답함을 느낍니다. 문장이나 대화는 마침표를 찍어야 하고, 그래야 익숙합니다. 끝을 맺지 않고 흐리거나 물음표로 되물으면 사람들 마음에 '거슬림'의 파도가 일렁입니다. 이

렇게 사람들 마음에 돌을 던지는 방식이 썸네일의 기본 원리입니다. 독자들 눈에 거슬리도록 하는 것. 조회 수를 올리려고 '충격', '경악' 같은 자극적인 단어를 쓰는 것도 같은 원리입니다. 이런 문구를 쓰지 않고도 눈에 거슬리도록 다채롭게 변화를 줄 수 있다면 굳이 '어그로'라는 조롱을 듣지 않아도 됩니다. 몇 가지 방법을 차례대로 소개하겠습니다.

유혹하는 썸네일 카피라이팅 1: 핵심 내용을 숨겨라 ● ●

말을 하다가 마는 방식과 비슷합니다. 콘텐츠에서 정말 중요한 단어, 정보, 메시지 등을 숨기는 거죠. 그저 중요한 단어를 지칭하기만 하면 됩니다.

① 더 나은 커리어와 연봉 둘 다 잡으려면 이것만 알아두세요.
② 수부지는 화장품의 이것만 보고 사세요.

이처럼 중요한 정보를 '이것'과 '저것' 등으로 숨기면 사람들은 정체를 알아내려고 기꺼이 콘텐츠를 선택합니다. 다만, 숨겨진 단어는 곧 '정보'이므로, 정말 유용하거나 브랜드의 제품 가치를 끌어올릴 만한 정보로 콘텐츠를 구성해야 합니다. 사람들이 다 아는 내용을 마치 대단한 것인 양 포장하고 숨겨서 클릭을 유도하면 브랜딩에 전혀 도움이 되지 않습니다. 이 방법으로 카피를 쓸 때는 정보의 희소성, 무해성, 필요성, 이 세 가지를 고려하세요. 클릭과 도달 같은 콘텐츠 소비 척도도 중요하지만, 브랜드에서 내보내는 정보라면 대개 해롭지 않고 심려를 끼치지 않아야 하니까요.

유혹하는 썸네일 카피라이팅 2 : 제목에 숫자를 활용하라

사람들은 글자보다 숫자를 먼저 포착합니다. 숫자는 글자보다 더 직관적인 상징기호이기 때문이죠. 정보를 나열하는 콘텐츠에서는 제목에 숫자를 붙이면 독자들의 중간 이탈을 막는 데 도움이 됩니다. 예를 들어 보겠습니다.

① 지금 할인 판매 중인 올리브영에서 꼭 사야 할 아이템
② 지금 할인 판매 중인 올리브영에서 꼭 사야 할 아이템 10
③ 실패 없는 후드티 브랜드 추천해드립니다!
④ 실패 없는 5가지 후드티 브랜드 추천

이렇게 두 가지 방식으로 표기했을 때 콘텐츠를 끝까지 볼 확률이 높

은 카피는 두 번째 문장입니다. 리스티클 콘텐츠에 숫자가 생기면, 사람들은 그 숫자를 꼭 채워서 다 보려는 호기로움을 부립니다. 숫자로 끝을 향한 표지를 남기는 거죠.

그런데 간혹 브랜드 제품을 중간에 끼워넣으면 될 텐데 굳이 콘텐츠를 끝까지 보게 할 필요가 있을까 생각할 수도 있습니다. 애써 이렇게 하는 이유는 알고리즘이 독자들의 콘텐츠 소비 패턴을 분석해서 콘텐츠 신뢰도를 파악하기 때문입니다. 소셜미디어 플랫폼에는 저마다 콘텐츠를 파악하는 알고리즘이 있습니다. 이들 알고리즘은 플랫폼마다 공식적인 기준을 공표한 적은 없지만 사용자들의 콘텐츠 체류시간, 이탈률, 댓글, 스크랩(공유) 같은 사용자 참여도를 기준으로 콘텐츠를 평가합니다. 당연히 완성도 높은 콘텐츠를 꾸준히 발행하는 브랜드 계정은 플랫폼에서 신뢰도 높은 채널로 자리매김할 수 있죠. 그래서 사용자들의 콘텐츠 체류시간을 조금이라도 더 늘리기 위해 콘텐츠를 끝까지 보게끔 구성하는 일에도 신경을 써야 합니다.

유혹하는 썸네일 카피라이팅 3 :
정보성 콘텐츠라면 편익을 이야기하라 ● ● ●

정보성 콘텐츠를 선택하는 사람들은 목적이 뚜렷합니다. 콘텐츠에서 제공하는 정보가 도움이 되리라는 기대감이죠. 이 기대감이 콘텐츠를 선택하고 소비하는 원동력입니다. 그래서 브랜드 콘텐츠 썸네일이 내세우는 카피가 기대감을 불러일으키지 못하면 독자들은 콘텐츠를 선택하지 않습니다. 기대감을 얻으려면 콘텐츠가 가져다주는 편익을 이야기하는 방법이 최고입니다. 사람들은 이득이 되거나 손해를 줄이는 방향으로 움직이며 늘 '방법'을 찾죠. 그래서 정보성 콘텐츠에서는 편익을 이야기할 때 콘텐츠 카피 끝에 '~하는 법'이라는 표현을 씁니다. 행동을 독려하는 '~해야 하는' 또는 '~하면 안 되는 이유'라고도 쓰고요. 구체적인 숫자까지 덧붙이면 더욱 좋습니다.

예문 | 업무 효율을 올려주는 서비스들
활용 1 | 바쁠 때 업무 효율을 올려주는 세 가지 툴 사용법
활용 2 | 정퇴를 위해 꼭 사용해야 하는 협업 툴 3

여기서 더 나아가면 정보의 신뢰도를 높이기 위해 사용자들의 실제 후기를 추가할 수도 있습니다. 다만, 후기 작성자는 사용자들이 선망하는 대상으로 설정해야 합니다. 이 정보를 알면 나도 선망하는 대상처럼 될 수 있겠다는 바람을 품게 하기 위해서입니다.

예문 | 업무 효율을 올려주는 서비스들
활용 | 일잘러들이 공통으로 쓴다는 세 가지 툴 사용 꿀팁

이 정보를 알면 고객의 삶에 도움이 되고 나아가 그들이 선망하는 사람들처럼 될 수 있다는 상상까지 품게 하는 카피. 이 한 줄이 대중에게 노출하고 싶은 정보를 알아서 보러 들어오게끔 사람들을 강하게 끌어 당길 겁니다.

유혹하는 썸네일 카피라이팅 4 : 포모증후군 ● ●

우리는 아는 것에는 겸손하고, 모르는 것은 참지 못하는 특성이 있습니다. 아는 것이 힘이라는 옛말도 있지만, 그보다는 남들보다 뒤처질까 두렵기 때문인 것 같습니다. 이런 특성을 포모FOMO증후군이라고 합니다. 네이버 지식백과에서 검색해보면 이렇게 정의합니다.

자신만 세상의 흐름을 놓치고 있거나 제외되고 있다는 두려움을 나타내는 일종의 고립공포감이다. 포모FOMO는 'Fear Of Missing Out'의 약자다. 원래 포모는 제품 공급량을 줄여 소비자를 조급하게 만드는 마케팅 기법이었다. '매진 임박', '한정 수량' 등이 포모마케팅의 한 예다. 포모를 질병으로 취급하기 시작한 것은 2004년 이후인데, 하버드대학과 옥스퍼드대학에서 포모를 사회병리 현상의 하나로 주목하며 수많은 논문을 내놓았다. 미국에서 50퍼센트 넘는 성인이 포모 증세로 고통을 겪는다는 통계도 있다.

2021년 팬데믹 시국에 한때 음성 기반 소셜미디어인 '클럽하우스'가 유행했는데요. 이 서비스는 초대장이 있어야 하고, 심지어 아이폰 운영체제에서만 참여할 수 있었기 때문에 이용하지 못하는 사람들이 포모증후군을 겪었습니다. 제한된 소수 사용자들을 질투해서 무료 초대장이 중고 거래되기도 했죠. 유혹하는 카피 쓰기에서 포모를 거론하는 이유는 가끔씩 아주 자극적인 카피에 이 포모증후군을 활용할 수 있기 때문입니다. 당신만 이 정보를 모른다는 식으로 강조하는 거죠.

원문 | 알아두면 좋은 정보가 있습니다.
적용 | 모르면 반드시 차이가 벌어집니다.

다만, 포모증후군을 매번 활용하는 건 바람직하지 않습니다. 부정적인 감정이 들게 해서 소비자를 자극하는 방식이니까요. 이렇게 부정적인 뉘앙스로 시작하는 콘텐츠를 발행하는 브랜드 채널은 좋은 인상을 남기지 못합니다. 그러니 자주는 말고 새로운 정보를 알려야 할 때 소비자의 관심을 살 정도로만 활용하기 바랍니다.

유혹하는 썸네일 카피라이팅 5 :
감탄 감상평 남기기

콘텐츠를 먼저 보고 놀라움을 표현해서 아직 보지 못한 독자들의 관심을 끌어내는 방식입니다. 이때 놀라움을 강조하는 카피 문구가 참신하거나 강도가 높을수록 효과적입니다. 여기에 보지 않으면 후회할 수도 있다는 뉘앙스를 담아내면 더욱 좋습니다. 놀라움에 조바심을 더하면 생각보다 강렬하게 고객을 유혹하기 때문입니다.

- ○○○ 화보 찢었다! (또는 간단하게 '찢었다!')
- 워너비 커플이 찍었다는 11월 아시아 화보
- 인생을 쓰기 전후로 나눈다는 인생템의 정체

유혹하는 썸네일 카피를 쓰는 방식은 빠르게 변합니다. 그래서 여기에 소개한 방법들 말고도 새로운 기법이 속속 등장합니다. 그때마다 재미있거나 참신한 썸네일을 모아두면 참 유용하죠. 콘텐츠를 만들어야 하는데 생각이 막힐 때 도움이 되거든요. 우리가 제작하는 모든 콘텐츠는 어차피 누군가의 레퍼런스에 내 견해를 넣어 만든 또 다른 누군가의 레퍼런스이므로, 평소에 나와 동일한 소재와 주제로 콘텐츠를 선보이는 '누군가의 레퍼런스'를 많이 보고 모아놓으세요.

재미를 만들어내는
온도 차

뜨겁다가 차갑게
차갑다가 뜨겁게 변하면 재미있다.

앞서 '재미를 만들어내는 두 가지'에서 구조를 활용해 결말을 비틀어서 모두의 예상과 다른 반전을 주면 사람들이 재미를 느낀다고 설명했는데요. 이런 앞뒤 온도 차를 활용하면 카피도 재치 있게 쓸 수 있습니다. 저는 이를 '온도 차 카피라이팅'이라고 하는데, 온도 차라는 말 그대로 앞뒤 서술방식의 반전을 활용하는 기법입니다. 마찬가지로, 구조적인 접근법도 온도 차 콘텐츠 기획이라고 할 수 있겠죠. 사실 이 카피라이팅 기법은 새로운 방식이 아닙니다. 유명 코미디언의 어록으로 널리 알려 졌기 때문이에요. 그는 주로 속담 뒷부분을 비틀어서 재미있게 표현했 습니다.

원문 | 늦었다고 생각했을 때가 가장 빠른 때다.

활용 | 늦었다고 생각했을 때는 진짜 늦었다.

예문만 봐도 바로 느낌이 오죠. 속담을 활용한 온도 차 카피라이팅이란 바로 이런 구조입니다. 일단 문장을 도입부와 결말부로 나누고 도입부에 널리 알려진 내용을 그대로 살려 적습니다. 그래야 독자들이 뒤이어 올 내용을 '예상'할 수 있으니까요. 그리고 결말부는 사람들 기대와는 다른 방향으로 마무리합니다. 간단하죠.

우리는 예상치 못한 결말을 만나면 흥미를 느낍니다. 익숙한 무언가를 비틀었을 때 카타르시스가 더 크다고 합니다. 그래서 이렇게 새로운 형태의 속담을 더 재미있어하겠죠. 속담을 활용한 온도 차 카피라이팅은 연습하기에도 매우 좋습니다. 여러분도 이렇게 연습해보세요.

낮말은 새가 듣고,

밤말은 라면 먹고 싶다.

속담으로 충분히 연습했고 구조도 이해했다면, 이제 다른 문장으로 넘어가면 됩니다. 원리는 같습니다. 도입부는 그대로 두고, 결말부만 다채롭게 바꾸는 거죠. 다만, 속담은 우리가 결말을 예상할 수 있기 때문에 쉽게 온도 차를 줄 수 있지만, 도입부부터 온도 차를 만들어내려면 단어의 온도를 확인해야 합니다. 온도가 다른 단어를 앞뒤로 조합해야 하니까요. 이렇게 온도나 용도가 전혀 다른 단어를 조합해서 낯설게 표현하는 방식을 '모순화법'이라고도 합니다. 예를 들어 '소프트 카리스마'라는 카피는 뭔가 있어 보이지만, '소프트'와 '카리스마' 두 단어는 이질적입니다. '부드러운'이라는 형용사는 '카리스마'라는 차갑고 날카로운 단어에 착 달라붙지 않기 때문이죠. 그러나 조합하니 새로운 느낌으로 다가옵니다. 이렇게 단어는 저마다 느낌과 온도를 품고 있습니다. 그 지점을 포착해서 온도 차를 느낄 수 있게 배치하면 됩니다.

열심히 돈 모아서 나도 서울에 아파트를 살 거야!
내 나이 2421살의 일이었다.

의사가 자기 전에 뭘 먹지 말라고 해서
요즘 잘 안 자.

온도 차는 앞뒤 문장의 온도 차로 빚어내지만, 문장 길이나 전개방식으로도 비틀 수 있습니다. 원리는 똑같습니다. 예상대로 이야기를 끌고 가다가 결말을 비트는 거예요.

도입부 | 늦은 밤 알바생이 말하는 "저희 11시 마감인데 괜찮으시겠어요?"의 꽃말은
결말부 | '꺼져'야.

일부러 온도 차를 키우기 위해 도입부는 길게, 결말부는 짧게 작성했습니다. 이렇게 문장 길이로도 온도 차를 만들어낼 수 있습니다. 방법이 또 하나 있는데요. 이건 유명한 밈이긴 한데, 일단 브랜드에서 전하고 싶은 내용을 도입부에서 길게 제시하고 결말부에서 부정하는 겁니다. 예시를 한번 들어보겠습니다.

도입부 | 화장실 곰팡이를 완벽하게 제거하는 방법은 이겁니다!
(방법를 알려준다.)
결말부 | 어떻게 알았는지 묻지 마세요, 알고 싶지 않았음.

앞뒤 온도 차를 활용하는 카피는 시간의 흐름이나 상황에 따라 사람의 태도가 달라지는 양상을 주제로 표현할 수도 있습니다. 이렇게요.

취준생 : 회사나 가고 싶다.
직장인 : 회사 나가고 싶다.

누가 여행 와서 회사 일을 합니까?
안녕하세요, '누'입니다.

위아래 문장을 대비해서 띄어쓰기만으로 온도 차를 보여줄 수 있습니다. 이렇게 글자를 파괴해서 재배열하는 방식을 단어 퍼즐이라고 앞서도 설명했는데요. 글자를 쪼개서 변화를 주려면 평소 해체할 수 있는 단어를 모아두는 것이 좋습니다. 바로바로 생각나지 않거든요. 주로 합성어가 글자를 쪼개기에도 편리하니 합성어 위주로 찾아보기 바랍니다. 온도 차 카피라이팅은 썩 재미있어서, 소셜미디어에 발행하는 브랜드 콘텐츠에서 사용할 여지가 많습니다. 효과도 얼마간 보장되고요. 하지만 자유자재로 활용하려면 연습이 필요합니다. 어휘력과 감각이 복합적으로 작용하니까요. 막상 써보니 잘 안 된다고 포기하지 말고, 단어와 표현을 많이 수집하면서 자주 연습해보기 바랍니다.

진중한 사람이 만드는
웃긴 콘텐츠?

유머와 위트는
종이 한 장 차이

'소셜미디어 콘텐츠는 무조건 웃겨야 한다!'는 기치 아래 모든 콘텐츠를 웃기게 기획하는 전략을 펀슈머Fun+Consumer라고 합니다. 펀슈머는 브랜드 콘텐츠를 마주한 독자의 기분이 좋아지도록 유도해서 브랜드 이미지를 긍정적으로 쌓고 그 감정이 구매로까지 이어지도록 끌고 가는 기법입니다. 한동안 참 많이 통했고 지금도 유효한 전략이죠. 덕분에 소셜미디어 콘텐츠 기획자들은 브랜드에 특정한 콘셉트가 없으면 제품을 활용해서 웃긴 콘텐츠 만들기에 혈안이 되었습니다. 저도 그랬고요. 그래서 콘텐츠는 웃겨야 한다는 강박이 생겨서 뭐든 웃기려고 밈에 달려들었던 적도 있습니다. 그런데 유머러스한 콘텐츠를 만들기가 생각보다 무척 어렵다는 사실을 현직자들은 알 겁니다.

누군가를 웃기는 콘텐츠를 만들려면 어떻게 카피를 써야 할까, 지금도 늘 고민합니다. 그런데 요즘은 B급 유머보다 선을 지키며 콘셉트를 내미는 커뮤니케이션이 브랜드 콘텐츠에 더 알맞은 전략이 되고 있습니다. 브랜드 커뮤니케이션의 세련미와 위트가 소셜미디어에서 매력을 더하기 때문입니다. 추세는 이런데, 문제는 유머러스한 문장과 위트 있는 문장을 어떻게 둘 다 잘 쓰느냐입니다.

저는 강의할 때마다 유머러스한 문장을 쓰고 나서 위트 있는 문장으로 다듬으라고 권합니다. 저도 콘텐츠를 기획하고 카피를 쓸 때 감에 의존하는 편인데요. 이런 발상은 대개 정리되지 않은 날것 상태로 떠오르고 유머러스한 표현도 날것 위주로 써야 하기 때문에 유머러스한 문장을 적어놓고 위트 있게 다듬곤 합니다.

유머가 작동하는 원리 　　● ●

콘텐츠에서 유머는 표현하는 화자와 관련 있습니다. 앞서 온도 차 카피라이팅에서 설명한 내용이기도 한데요. 화자의 이야기에서 기대하는 것과 실제 내용이 다를 때 터지는 놀라움과 의외성이 웃음을 만들어냅니다. 그 격차가 클수록 콘텐츠는 더 유머러스하죠. 다시 말해, 브랜드에서 독자의 기대 이상으로 틀을 벗어나면 '의외'라면서 사람들이 재미있다고, 웃기다고 말합니다. 대개 회사 계정에는 그 콘텐츠에 기대하는 편견이 있는데, 그 생각이 곧 기준이 됩니다. 예상을 깨뜨리는 표현!

대개 유머러스한 카피는 거친 단어를 날것 그대로 사용합니다. 다듬어지지 않은 문장이기에 더 일상적일 수 있습니다. 일부러 과장된 표현이나 비속어처럼 자극적인 단어도 흔히 가져다 씁니다. 물론 우리는 브랜드 콘텐츠 카피를 쓰는 사람들이기에 비속어는 사용할 수 없습니다. 그래서 문장에 비속어가 많다면 그 표현을 지워도 재미있는지 확인해보세요. 비속어가 없어도 웃긴 카피가 정말 유머러스한 맥락이 있는 콘텐츠니까요.

물론 작동원리를 안다고 바로 유머러스한 문장을 쓸 수 있는 건 아닙니다. 저는 유머러스한 카피도 훈련해야 한다고 생각합니다. 웃기게 글을 잘 쓸 자신이 없으면 가장 먼저 밈이나 짤방 구조를 따라 써보기를 추천합니다. '어떻게 하면 웃길 수 있을까?'를 고민하는 대신 필사하듯 따라 써보는 노력이 더 효율적이기 때문입니다. 유머러스한 문장도 레퍼런스를 토대로 연구하며 웃음이 터지는 맥락을 발견하면 응용하기에 수월합니다. 유머러스한 표현이 많은 곳이라면, 저는 유튜브 댓글 공간을 추천합니다. 유튜브에는 참 재미있는 댓글이 많거든요. 또, 평소 재미있는 친구의 말투라든지 주변에서 참신한 표현을 들으면 그 자리에서 바로 적어두세요. 카피의 유용한 자원이 될 수 있습니다. 유행 타는 밈도 마찬가지고요.

위트가 작동하는 원리

유머러스한 문장이 정리되지 않은 날것이라면, 위트는 다듬어진 유머입니다. 유머러스한 문장에서 날것을 정제한 표현이 위트입니다. 그래서 유머러스한 문장을 적어놓고 다듬으면 됩니다. 대놓고 웃기려고 시도하기보다 약간은 엉뚱하고 에둘러서 표현한다고 생각하면 위트 있게 맥락을 풀어가는 데 도움이 될 겁니다. 저도 실제로 문장 뒤에 따라오는 예시가 참신하거나 엉뚱하거나 예측하지 못한 방향으로 흐르면 위트 있다고 생각합니다. 역시 예시를 들어 비교해보겠습니다.

유머 | 달이 떴다고 전화를 주시다니요. 겨우 그깟 일로 이 밤에 전화를 하시나요? 무례하군요. 꺼지세요.

위트 | 달이 떴다고 전화를 주시다니오. 고객님의 전화기가 꺼져 있어 삐─소리 후 음성사서함으로 연결됩니다.

유머는 표현이 직설적이고 거칩니다. 반면에 위트는 약간 빙 둘러서 이야기를 풀어가는 방식입니다. 앞서 활용한 예시를 반대로 이해하면 쉬울 겁니다. 다음은 늦은 밤 마감시간을 알리는 알바생의 언어입니다.

유머 | 저희는 11시 마감인데 괜찮으시겠어요?의 꽃말은 꺼져!

위트 | 저희는 11시 마감인데 괜찮으시겠어요? 왜 괜찮으세요?

기억에 남기는 한 방, 펀치라인

재미있는 카피는 결국
언어유희

펀치라인은 '주먹으로 머리를 한 대 맞은 듯한 느낌을 주는 가사나 글'을 말합니다. 주로 힙합에서 사용하는 용어인데요. 브랜드 콘텐츠 카피에도 펀치라인을 활용하면 독자들 마음에 여운을 남기기 좋습니다. 펀치라인의 원리는 무척 다양하지만, 주로 문장에 동음이의어를 활용해서 일부러 중의적인 표현으로 접근합니다. 맥락상 중의적인 문구로 말장난을 하는 거죠.

이번 신상 완전 유아차야, 애 태우네.

중의적 표현이란 의미가 둘 이상인 하나의 표현을 말합니다. 예를 들어 '손 좀 봐야겠다'는 표현에는 고장 난 물건을 고친다는 의미, 누군가를 혼내거나 해코지하겠다는 뜻, 거기에 직관적으로 손이 어떻게 생겼는지 모양을 본다는 내용까지 모두 들어 있습니다. 우리는 의미가 중첩되는 문장이나 단어를 가지고 언어유희를 즐기면 됩니다.

> 너는 너무 '허전'해, 명불'허전'!
> 나는 오늘부터 신을 믿는다, 당신.
> 사람들은 다 구스'다운' 패딩을 입는데, 너는 아름'다운'을 입었네.
> 네가 댓글 '달았으니', 답글은 '써야지'.

이처럼 펀치라인은 문장 안에서 단어의 호응관계를 이용하거나, 중의적 표현을 사용하거나, 한 세트를 구성하는 단어를 활용하거나, 반의어로 대비되게 배치하거나, 앞에서 전제를 차곡차곡 쌓고 뒤에 가서 도입부와 연관된 단어를 연결해 만들 수 있습니다. 이밖에도 방법은 많죠. 즉, 펀치라인은 언어유희 하는 감각으로 맥락을 엮어서 단어를 배치해야 제대로 작동합니다. 단순히 중의적인 표현을 안다고 능사가 아닌 셈입니다. 문장과 단어를 깊이 들여다봐야 합니다. 농담을 만드는 능력도 펀치라인에서 빛을 발하죠. 그래서 보기에 재미있어도, 만들기는 까다롭습니다. 감각이 모자라면 아재개그로 치부될 수도 있습니다. 요즘 트위터나 유튜브 댓글 공간에 워낙 이런 언어유희가 많은 터라, 브랜드에서 멋들어진 펀치라인을 목격했다면 수집해서 작동방식을 확인해도 큰 도움이 될 겁니다. 단어와 문장의 이면을 들춰보며 연구해보세요.

주접드립도 멋들어진 펀치라인은 아니어도 콘텐츠에서 활용할 수 있는 레퍼런스 문장이 많기 때문에, 주접 생성기로 주접 문장을 자주 만들어보기를 권합니다. 언어유희에 뛰어난 인스타툰도 눈여겨보고 팔로우하면 좋습니다. 레퍼런스를 모아서 우리의 시각을 더해 또 다른 누군가의 레퍼런스를 만들어봅시다.

직접 펀치라인을 쓰려면 생각보다 어렵습니다. 레퍼런스를 많이 찾아보고 문장을 수집하는 것이 펀치라인에 다가가는 방법입니다.

4단계 | 협업 스킬

멀티플레이어를 넘어 멋진 협업자로

CONTENTS

콘텐츠는 혼자서도
만들 수 있어야 한다

제작을 아는
콘텐츠 기획자 되기

콘텐츠 기획자는 디자이너나 PD 등 콘텐츠 전문가와 협업해 '팀으로 완성된 콘텐츠'를 만듭니다. 하지만 모든 브랜드가 필요 인력을 다 고용하지는 않습니다. 때로는 비용을 아끼기 위해 기획자가 다 도맡기도 합니다. 그래서 종종 콘텐츠 마케팅 분야에서 사진이나 영상도 기획하면서 얼마간 제작까지 직접하는 콘텐츠 기획자를 마주칩니다. 그들이 뛰어난 인재이기도 하지만, 그런 상황을 겪었거나 겪고 있기 때문이죠.

브랜드 콘텐츠 기획자는 외부에서 보면 굉장히 그럴듯하고 창의적인 영역을 고심할 것만 같지만, 실제로 기획에 들이는 시간은 10~20퍼센트뿐입니다. 나머지 시간에는 주로 콘텐츠를 제작하기 위해 논의하고 협업하며 수정을 요청합니다. 규모가 크고 완성도가 중요한 콘텐츠일수록 협업 인력도 많아지고 의사소통도 늘어나기 마련인데요. 반대로 예산이 적은 프로젝트에서는 홀로 기획부터 제작까지 다 해내야 하기도 합니다. 이럴 때를 대비해서 콘텐츠 기획자는 영감을 떠올리는 신경 세포를 활성화하고 콘텐츠를 직접 만들어낼 수 있도록 제작도구를 다룰 줄 알아야 합니다. 협업하면서도 답답하면 레퍼런스를 만들어 소통할 수도 있기 때문이죠. 처음부터 모든 업무를 다 알 필요는 없지만 이 정도는 다룰 수 있어야 협업자와 원활하게 소통할 수 있습니다.

　콘텐츠 기획자에게 필요한 제작도구 다루는 능력이라면 대개 두 가지를 들 수 있습니다.

　① 촬영기기 다루는 능력 - 카메라(렌즈 구별 능력), 조명기기
　② 촬영한 소스 편집 프로그램 다루는 능력 - 포토샵, 일러스트, 프리미어, 애프터이펙트, 피그마

　제작도구를 이해하면 디자이너와 소통하기도 수월하고, 본인이 디자이너 역할을 하며 직접 과제를 해결하는 데도 큰 도움이 됩니다. 아무래도 아이디어를 구현하는 건 디자인이니까요. 그렇다고 섣불리 전문가 앞에서 아는 체를 하면 실력이 들통날 수 있으니, 전문가와 의사소통할 만큼만 익힌다고 생각하면 바람직합니다. 물론 잘 다루면 좋죠. 하지만 이때 생길 수 있는 확증편향은 경계해야 합니다.

콘텐츠
사진 찍는 법

우리는 늘
되는대로 찍어왔다.

브랜드 콘텐츠 기획자로서 여러분이 직접 사진을 촬영한다면, 아마 머릿속에 카메라, 레퍼런스, 소품처럼 사진 촬영과 관련된 단어가 떠오를 겁니다.

그냥 찍으면 되겠지 생각하지 말고 그 단어들을 정리해서 촬영 계획안부터 작성해보세요. 이렇게 찍어야겠다는 대략적인 구상만 가지고 촬영을 시작해도 어떻게든 찍을 수 있습니다. 대신 비슷한 촬영 컷 수만 늘어나겠죠. 진심을 더해서 잘 해내려면 준비가 필요합니다.

콘텐츠 사진 촬영 계획안 작성법

계획안은 '내가 보려고 작성하는 문서'고, 콘텐츠 제작에 최소한의 지도 역할을 합니다. 공유하더라도 프로젝트에 참여하는 이들만 보기 때문에 기획 의도, 기대효과, 방향성 같은 거시적인 내용은 담을 필요가 없습니다. 촬영에 필요한 내용만 간략하게 정리하면 되죠. 대략 세 가지를 염두에 두면 됩니다.

① '소재(인물/사물)'를 어디서 촬영할 것인가?
② 콘텐츠에 활용할 컷 수
③ '무엇'을 어떻게 촬영할 것인가?(유사 레퍼런스 찾기)

사진은 찍으려는 소재에 따라 촬영 장소와 소품 등 물리적인 조건이 달라집니다. 그래서 소재부터 제대로 이해해야 하죠. 사물이라면 사물에 걸맞은 소품을 배치하고 인물이라면 인물 정보를 검토해서 그 대상과 잘 어울리는 장소, 구도, 포즈, 착장 등을 정리합니다. 그리고 콘텐츠에 필요한 컷 수를 정해놓고 촬영해서 제한된 시간 안에 가장 효율적으로 A컷을 뽑아낸 다음, 남은 시간에 추가 컷을 촬영하는 것이 좋습니다. 가장 중요한 건 레퍼런스입니다. 여러분은 사진가가 아니기에 아무리 잘 찍어도 사진이 다양하기 어렵습니다. 그래서 미리 레퍼런스를 찾아보고 방향을 잡아서 촬영해야 비슷한 사진을 건질 수 있습니다. 다음은

콘텐츠 계획안

구분	대상	촬영 장소	촬영 시간
인터뷰 촬영	마케터 쳐	콘셉트 A/B/C 중 B 공간 촬영	PM 1:00 ~ 3:00 (2h)
필요한 컷 수	썸네일 컷 1 / 내용 컷 5 / 디테일 컷 4	비고	
촬영 소품	책, 아이패드, 향수 악세서리		
콘셉트 레퍼런스 1	레퍼런스 이미지 1-1	레퍼런스 이미지 1-2	레퍼런스 이미지 1-3
콘셉트 레퍼런스 2	레퍼런스 이미지 2-1	레퍼런스 이미지 2-2	레퍼런스 이미지 2-3
콘셉트 레퍼런스 3	레퍼런스 이미지 3-1	레퍼런스 이미지 3-2	레퍼런스 이미지 3-3

촬영 장소

주요 촬영 장소 이미지
실외일 경우: 사진 / 지도 캡션
실내일 경우: 스튜디오 전개도 및 구역 사진 첨부
+ 꼭 필요한 소품 사진을 넣어도 됨

촬영 시 참고 의견

- 촬영 시 ○○ 컷은 반드시 있어야 함
- 시그니처 컬러가 ○○ 이므로, ○○ 색칠 필수
- ○○를 찍기 어려울 함, 촬영 시 주의
- 스튜디오 중 B 구역 ○○ 소품 활용 가능
- 조명 조작 리모컨 자동밤 배치두어야 함
- 메인 카피 ○○○○와 연결되어야 함

제가 활용하는 양식입니다. 참고해서 본인만의 양식을 만들어보세요.

계획안은 파워포인트로 만들어도 되고, 노션에 써도 됩니다. 자신에게 가장 편리한 도구를 활용하세요. 중요한 것은 '기획 의도나 카피에 잘 어울리는 사진을 촬영했는가'입니다. 카피를 미리 써두었다면, 어울리는 이미지를 염두에 두고 촬영을 시작하면 됩니다.

레퍼런스 이미지 찾는 법 ● ●

레퍼런스 이미지를 어디서 찾아야 하는지 질문하는 분이 종종 있습니다. 콘텐츠 기획자마다 다르겠지만, 저는 주로 네 군데를 활용합니다.

① 동종업계 브랜드 인스타그램

② 구글

③ 유료 이미지뱅크(셔터스톡, 게티이미지뱅크, 크라우드픽 등)

④ 인스타그램 #해시태그

사진 소재를 검색하면 대개 아주 잘 찍고 보정된 사진이 나오는데, 그중에서 '내가 촬영할 수 있을 만한 사진'을 선택하면 됩니다. 레퍼런스는 촬영에 실패할 때를 고려해서 콘텐츠에 필요한 컷 수보다 3장가량 더 찾아놓는 것이 안전합니다.

사진 촬영이 처음이라면 레퍼런스에서 무엇을 살펴봐야 하는지도 어리둥절할 수 있습니다. 레퍼런스를 찾으면 일단 장소에 따라 구분하고 구도를 확인하세요. 그다음 어떤 소품을 어떻게 배치했는지 눈여겨보세요. 빛을 활용한 방법도 살펴봐야 합니다. 광원 위치, 빛의 색 설정 등에 따라 촬영 현장 조건이 달라지니까요. 이렇게 레퍼런스를 참고하고 구분하고 확인해도 여러분이 머릿속에 그린 그림과 실제 촬영해서 얻은 이미지는 명백하게 다를 겁니다.

만약 기대보다 못한 결과물이 나오더라도 낙담하지 마세요. 여러분은 사진 전문가가 아니니까요. 촬영도 근육처럼 증량과 반복이 중요합니다. 도전적으로 거듭 촬영하다 보면 카피에 찰떡같이 딱 맞는 이미지를 촬영하는 빈도가 늘어날 겁니다. 그럴 때는 '내 실력이 늘었구나!'라고 생각하면 됩니다. 저는 사진이 구상과 다르고 카피와도 어울리지 않으면 의미를 벗어나지 않는 선에서 사진을 먼저 촬영하고 텍스트를 나중에 사진 분위기에 맞춰 수정합니다. 이미지 촬영보다는 텍스트 수정이 더 쉬우니까요!

그래도 마음이 안 놓인다면, 촬영 전에 예행연습 삼아 촬영 장소에 가서 구도를 연습해보는 것도 한 방법입니다. 소품을 미리 배치하고 찍어도 도움이 됩니다. 만약 인터뷰처럼 사진 품질이 보장되어야 하는 촬영이라면 반드시 사진가와 함께 작업하세요. 아무래도 좋은 이미지를 얻을 확률이 쑥 올라갑니다! 예산에 얼마간 여유가 있어야 하는 이유이기도 합니다.

이미지에는 여백을 두고 편집에는 여지를 남겨야　• •

대개는 본인이 생각한 그림에 딱 맞게 사진을 촬영합니다. 원하는 그림이니까 완성도가 높아 보이거든요. 하지만 편집에 들어가면 그렇지 않습니다. 콘텐츠로 사용할 이미지 원본에 여백이 없으면 더 나은 편집이 불가능합니다. 그래서 사진에 여백을 두어야 합니다. 여러분이 디자이너에게 콘텐츠 이미지를 딱 맞게 전달하면 디자이너가 상상할 수 있는 여지와 더 나은 콘텐츠를 만들 가능성을 완전히 차단하는 셈입니다.

저는 사진을 촬영할 때 원하는 구도를 찾으면 확인하고 한 발자국 뒤로 가서 일부러 여백을 만듭니다. 그렇게 해서 사진에 편집의 여지를 남기는 거죠. 저는 개인적으로 기획자보다 디자이너의 미적 감각이 더 뛰어나다고 생각합니다. 그 안목을 믿기 때문에 사진에 여백을 주어서 찍고 좀 더 나은 이미지로 만들기 위한 편집의 여지를 남기는 거죠.

콘텐츠 이미지에 텍스트를 넣으려면　• •

콘텐츠에 텍스트(카피)를 배치하고 싶으면 사진 속에 어떻게 넣을지 미리 생각하고 촬영해야 합니다. 그렇지 않으면 애써 작성한 카피를 어정쩡하게 배치할 수밖에 없거든요. 텍스트 인스타그램에서 가장 많이 쓰이는 정사각형 규격을 기준으로 했을 때 이미지 안에 텍스트를 넣는 구역은 총 다섯 군데입니다.

대개 상하좌우 구석과 이미지 아래쪽 하단 영화 자막이 뜨는 구역에 텍스트를 배치합니다. 촬영본에서 꼭 드러낼 오브제(소재, 제품)는 이미지에서 텍스트와 겹치지 않게 배치하는 것이 원칙이므로, 자막을 넣고 싶은 구역을 비우거나 자막이 들어갈 수 있게 배경을 단조롭게 촬영해 주세요. 그래야 텍스트를 쓸 공간이 생깁니다.

이런 구상 없이 사진을 촬영하면 사진 위아래 좌우가 꽉꽉 들어차서 텍스트를 넣기가 애매해지기도 합니다. 아니면 반대로 사진 전체가 휑하게 찍힐 때도 있어요. 그냥 되는대로 찍으면 결국 콘텐츠도 어정쩡해집니다. 그러므로 콘텐츠로 쓸 이미지를 촬영할 때는 꼭 텍스트를 넣을 구역을 미리 염두에 두고 촬영하기 바랍니다. 만약 사진 안쪽이 아니라 폴라로이드 사진처럼 사진 밖에 테두리를 만들어서 텍스트를 넣는다면 굳이 텍스트 구역을 따지지 않아도 됩니다. 다만 테두리 영역을 고려해서 콘텐츠의 전체 레이아웃이 어색하지 않도록 잘 배분해야 합니다.

카메라는 스마트폰으로
충분하지만

스마트폰으로 충분할 때도 있고
사진가가 필요할 때도 있다.

콘텐츠 기획을 강의하며 사진 촬영 이야기를 할 때마다 스마트폰으로 찍은 사진 두 장을 보여주고 어느 쪽이 카메라로 찍은 사진인지 묻는데요. 제 설명을 듣고 놀라는 분이 많습니다. 콘셉트나 콘텐츠 완성도에 따라 달라지겠지만, 저는 두 가지 이유로 소셜미디어에 발행하는 사진 콘텐츠는 굳이 DSLR이나 미러리스까지 필요 없고 스마트폰 카메라로도 훌륭하게 촬영할 수 있다고 생각합니다.

첫 번째 이유는 스마트폰 카메라만으로도 수준급 화질로 촬영할 수 있기 때문입니다. 스마트폰 카메라도 이미 충분히 잘 나옵니다. 성능은 말할 것도 없고요. 여러분 핸드폰이 최신 모델이고 카메라 렌즈가 둘 이상이라면 못 찍을 사진이 없습니다.

　두 번째 이유는 여러분이 폰카를 정말 잘 다루기 때문입니다. 매일 스마트폰 카메라로 수십, 수백 장씩 사진을 찍으며 실력을 갈고닦는 여러분은 일상 속 사진 고수라고 해도 과언이 아니죠. 그런데 유독 '콘텐츠'로 사용할 사진을 촬영한다고 하면 DSLR과 미러리스 같은 고성능 카메라에 집착합니다. 제대로 다루지도 못하면서요. 여러분 스마트폰 카메라는 고성능이고, 그 카메라로 여러분이 사진을 가장 잘 찍기 때문에, 콘텐츠 촬영을 위해 카메라를 따로 구입하지 않아도 됩니다.

　사진은 화질보다 구도와 느낌이 더 중요합니다. 보통 스마트폰 카메라는 일상에서 사용하기 때문에, 고성능 카메라보다 스마트폰 카메라로 찍었을 때 제대로 실력을 발휘하는 분이 정말 많습니다. 어차피 사진은 보정이 관건이어서, 원본 소스만 잘 촬영하면 됩니다.

　다만, 선명하고 섬세한 이미지 표현이 중요한 작업이거나 콘텐츠를 인쇄하는 경우라면 꼭 미러리스나 DSLR로 촬영하세요. 스마트폰으로 촬영한 이미지는 인쇄물로 쓰기에 부족합니다. 만약 카메라 기기를 잘 다루지 못하겠다면 사진가를 섭외하세요! 섭외 비용은 인터뷰 촬영이 40만 원대(2023년 5월 기준)고, 제품 촬영은 60만 원부터 시작합니다. 제품 종류, 촬영 횟수에 따라 달라지니, 어떤 촬영이고 보정 사진과 B컷 원본은 몇 컷 필요한지 꼭 견적을 요청하세요. 스마트폰 카메라로 촬영하는 사진은 소셜미디어 게시용이지 인쇄를 포함한 다른 용도로는 적합하지 않습니다.

촬영비를 날리는
의외의 실수

익숙한 것을 놓칠 때
실수가 나온다.

렌즈에 묻기 쉬운 지문을 꼼꼼히 닦읍시다. 콘텐츠 사진이나 영상을 찍을 때 가장 많이 하는 실수는 지금 바로 확인할 수 있습니다. 여러분 핸드폰이나 카메라 렌즈에 지문이 덕지덕지 묻어 있다면 여러분은 평소 스마트폰 카메라 렌즈를 무의식적으로 만지작거리는 습관이 있을지도 모릅니다. 그나마 스마트폰 카메라는 제때 닦기 수월한데 카메라 렌즈는 무심코 그냥 놔두기 일쑤죠. 그래서 먼지나 얼룩이 렌즈에 남아 있을 수 있습니다. 이렇게 렌즈의 오염 상태를 촬영 당시에는 모르고 지나치기도 합니다. 카메라의 작은 액정으로는 잘 안 보이거든요. 사진이나 영상은 항상 컴퓨터로 꺼내 봤을 때 제대로 상태를 확인할 수 있습니다.

지문투성이인 렌즈로 사진을 찍고 나서 컴퓨터로 꺼내 보면 대개 소스 상태가 좋지 않습니다. 화질이 떨어지거나, 야간 촬영에서는 빛이 번질 가능성이 크죠. 이렇게 촬영된 사진들은 보정에도 한계가 있습니다. 그래서 촬영 전에는 반드시 렌즈에 묻은 이물질이나 지문을 꼭 챙겨서 꼼꼼하게 닦고, 촬영 후에도 확인한 다음 보관하세요. 촬영 전에 렌즈 상태를 확인하는 습관을 들여야 합니다.

콘텐츠를 촬영할 때는 조명을　　● ●

어느 기기든 빛이 모자란 환경에서 사진이나 영상을 촬영하면 사진에 노이즈가 낍니다. 선명한 사진에 감각적인 분위기를 연출하기 위해 노이즈를 넣을 수는 있지만, 노이즈가 낀 사진과 영상을 선명하게 만드는 것은 어렵습니다. 어둡거나 밝아도 빛의 양이 적은 곳에서 억지로 카메라의 노출을 올려서 촬영하다 보니 노이즈가 생깁니다. 이런 노이즈를 없애는 방법은 조명 장치뿐입니다. 그런데 조명이라는 단어만 보면 머릿속이 하얘지는 분이 있을 겁니다.

　촬영할 때 조명은 전문 사진가나 사용할 것 같고 듣기만 해도 굉장히 어렵게 다가오죠. 확실히 사진가들은 조명을 정말 잘 사용합니다. 사진을 빛의 예술이라고 하는 이유가 있죠. 그런데 우리가 만드는 콘텐츠에 들어가는 사진과 영상이 예술일 필요는 없습니다. 그저 촬영할 사진의 피사체에 알맞게 몇 가지 방법을 준수해서 조명을 사용하면 생각보다 괜찮은 사진을 얻을 수 있습니다. 요즘은 유튜브 셀프 촬영이 활발해서 휴대할 수 있고 가격도 저렴한 가성비 좋은 조명장비가 많습니다.

제품을 촬영할 때 조명을 쓰려면 일단 빛을 이해해야 합니다. 그런데 여기서 빛을 다루자니 이야기가 너무 길어질 테고, 콘텐츠 기획자가 직접 나서서 촬영을 해결하는 규모의 작업에서는 조명을 복잡하게 쓰지도 않기 때문에 간략하게 세 가지로 정리하겠습니다.

① 빛은 태양 위치에 따라 직선으로 피사체에 닿는다.
② 흰색은 빛을 반사한다.
③ 피사체에 빛을 비춘다(빛의 방향과 반대로 찍으면 역광).

피사체에 조명을 켜면 빛을 받는 부분은 밝게 표현되고, 그 뒤로 그림자가 생깁니다. 빛이 세지면 빛을 받는 부분은 더 밝아지고 그림자는 더 진해지겠죠. 그림자가 강하게 표현되는 것이 싫다면 그림자를 옅게 만들어주는 디퓨저 장비를 활용하면 됩니다. 장비가 없으면 천장이 흰색인 곳에서 조명을 위로 쏘아보세요. 흰색에 반사된 빛이 사물에 고루 떨어져서 그림자가 곱습니다. 사물을 촬영할 때 간혹 그림자를 없애려고 여기저기 조명을 설치하기도 하는데요. 사물 촬영에서는 의도한 대로 '그림자를 자연스럽게 표현하는' 기량도 중요한 연출의 일부입니다.

실내 촬영이 어렵고 조명기기를 활용하기 쉽지 않다면 가장 좋은 빛인 자연조명, 곧 햇빛을 쓰면 됩니다. 자연조명을 이용하면 빛의 결이 곱고 상에 맺히는 그림자같이 세심한 부분이 은은하게 잘 잡힙니다. 해가 중천에 떠 있는 정오와 2시 사이보다는 해가 뉘엿해 광량이 고른 4시와 6시 사이가 좋습니다. 이때를 '매직 아워'라고 부르죠. 또한 구름 한 점 없이 맑은 날보다는 구름 낀 흐린 날이 빛이 많이 반사되어 사진 찍기에 더 좋다는 점도 기억해두세요!

배경은 단조로울수록 좋다 ● ●

브랜드에서 콘텐츠로 사용하는 이미지는 대개 배경이 단조롭습니다. 배경이 복잡하면 사진의 주제의식에도 부정적인 영향을 끼치고, 브랜드에서 전하고 싶은 글귀를 넣기에도 난잡해 보이기 때문입니다. 브랜드 콘텐츠에서 배경은 두 가지로 구분합니다.

사진 배경은 흰색
영상 배경은 녹색

브랜드에서 제품을 출시하면 다양하게 활용할 목적으로 흰 배경 앞에 제품을 두고 사진을 촬영합니다. 실무자들은 흔히 '누끼 컷'이라고 하죠. 이런 사진은 바닥과 벽이 모두 흰색인 상태에서 촬영합니다. 바닥과 벽의 색이 다르면 미니스튜디오를 활용해서 촬영하거나, 흰색 배경지를 세로로 놓고 바닥과 벽 배경을 동일한 흰색으로 맞춰주세요. 만약 영상 콘텐츠에서 합성하고 싶으면 배경은 무조건 녹색으로 설정해야 합니다.

소품을 여럿 사용하는 사진도 배경이나 테이블 색상으로는 단색을 추천합니다. 이왕이면 빛을 반사하지 않는 재질이 좋고요. 바닥이 흰색이면 조명을 반사해서 사진이 화사하게 나올 확률이 높습니다. 사진에 들어가는 오브제는 소재를 포함해 셋 이내로 줄이는 것이 좋습니다. 그래야 사진 속에 자막 넣을 공간을 확보할 수 있습니다.

아웃포커스로 배경 날리기   • •

단색이거나 스튜디오처럼 통제되지 않은 장소 배경은 소재의 존재감을 드러내기 어렵습니다. 그래서 피사체는 부각하고 배경은 흐릿하게 해서 강조하는 '아웃포커스'를 흔히 활용합니다. 스마트폰에서는 '인물사진 모드'로 촬영하죠. 그런데 아웃포커스로 촬영하지 않더라도 사진 원본이 선명하면 원하는 부분을 포토샵으로 흐리게 조정할 수 있으니, 이미지 전체를 선명하게 찍고 보정하는 방법도 추천합니다. 뭉개진 배경을 다시 또렷하게 살리기는 어려우니까요.

사진 형식 미리 설정하기

생각보다 흔한데 방치할 수도 있는 실수입니다. 스마트폰, 미러리스 같은 이미지 촬영기기는 이미지 형식을 설정할 수 있습니다. 제가 쓰는 아이폰은 기본 이미지 형식이 HEIC로 설정되어 있어 피시PC로 옮겼을 때 이미지를 읽지 못하는 오류가 발생합니다. 그래서 가장 흔히 사용하는 이미지 형식인 jpg로 미리 설정한 다음 사진을 촬영해야 합니다. 호환성이 뛰어난 형식이 사진을 보정하고 편집하기에 편리합니다. 당연하건만 의외로 미리 설정하지 않아 주변에서 난감한 일이 종종 생기더군요. 내 핸드폰과 카메라의 이미지 형식은 무엇인지 한번 확인해보세요.

구도는 다양하게, 셔터는 적게

사진을 촬영하다 보면 마음에 드는 구도가 나오는 순간이 있습니다. 그러면 그 구도에서 미세하게 위치를 바꿔 셔터를 누르곤 하는데요. 비슷한 구도의 고만고만한 사진을 욕심껏 찍지 마세요. 보정하고 사용할 사진을 고르기가 너무 힘듭니다. 그 구도에서 다섯 컷 이내로 촬영하고, 다양한 구도로 다채롭게 배치해서 셔터를 눌러보세요. 한 구도에서 잘 나온 사진이 30컷이라 해도 결국 콘텐츠에는 한 장만 사용할 수 있습니다. 단 한 컷을 위해 비슷한 100컷을 찍어봐야 별 의미도 없습니다.

촬영하지 않고
이미지 구하는 법

찍지 못해도 필요한 사진을
구할 수 있다.

애석하게도 시간은 제한되어 있고 예산은 유한하며 몸은 하나이기에 모든 콘텐츠의 이미지를 촬영할 수는 없습니다. 사진이 없어서 콘텐츠를 못 만든다면 경우의 수는 셋입니다. 콘텐츠를 접거나(기획 폐기), 사진 대신 일러스트로 표현하거나(표현법 변경), 사진을 외부에서 조달하는 것입니다. 콘텐츠를 만들지 않을 수는 없고 콘텐츠 주제가 여행, 건물, 음식처럼 일러스트로 표현하기 어려워 반드시 사진을 써야 할 때는 외부에서 이미지를 마련해야 합니다.

유료 이미지 플랫폼 활용하기 ● ● ●

크라우드픽, 셔터스톡, 게티이미지뱅크 같은 유료 이미지 플랫폼이 주변에 많습니다. 생각보다 많은 콘텐츠가 직접 촬영하지 않고 여기서 이미지나 일러스트 소스 등을 구입해 편집 과정을 거칩니다. 특정 제품을 콘텐츠에 반드시 집어넣지 않아도 된다면 유료 이미지 플랫폼이 촬영에 드는 품과 예산을 줄여줄 수 있습니다. 가장 손쉽게 저작권 문제를 해결할 수도 있고, 꼼꼼하게 검색하면 상당히 완성도 높은 이미지를 발빠르게 얻을 수도 있지요.

플랫폼에 올라온 사진들은 저마다 라이선스 범위가 달라서, 간혹 상업적인 사용을 허가하지 않기도 합니다. 이런 이미지는 당연히 브랜드가 홍보 목적으로 제작한 콘텐츠에는 사용해서는 안 됩니다. 무료 이미지 플랫폼에서도 콘텐츠 제작용 이미지의 라이선스 범위를 확인해야 합니다.

관련 기관에 요청하기 ● ●

미리 라이선스를 합의하고 화질 좋은 사진을 얻으려면 그 이미지를 가지고 있을 법한 기관에 요청하는 방법도 있습니다. 과정이 번거롭기는 하지만 좋은 이미지를 구할 수 있습니다. 예를 들어 호주 사진이 필요하면 호주정부관광청에 연락해서 사진을 요청하고 이메일 주소를 받으세요. 그 이메일로 콘텐츠에 필요한 사진을 보내줄 수 있는지 문의하면, 손쉽게 도움을 받을 수 있습니다.

실제로 제가 모 브랜드의 겨울 기차 여행지 관련 콘텐츠를 만들 때 겨울 분위기가 물씬 나는 기차 사진을 구해야만 했던 적이 있는데요. 유료 이미지 플랫폼에서는 국내 케이티엑스KTX 사진을 찾을 수 없었습니다. 그때 한국철도공사(코레일) 홍보팀에 연락해서 겨울 기차 여행 콘텐츠를 만드는데 겨울 눈 배경의 KTX 사진이 필요하다고 요청했더니, 감사하게도 홍보팀에서 적극 도와주었죠. 물론, 출처를 밝힌다고 안내했습니다. 이후에는 각 브랜드에 문의해서 손쉽게 좋은 이미지로 작업할 수 있었습니다.

이렇게 콘텐츠에 들어가는 사진을 요청하면 해당 기업 브랜딩이나 홍보에 도움이 되기 때문에 출처만 정확하게 밝히면 꽤 우호적으로 사진을 보내줍니다. 간혹 공문을 요청하기도 하는데요. 공문을 쓰기가 애매한 사안이라면 협조 요청 메일로 대신할 수 있는지 문의해보고, 안 된다면 공문을 별도로 요청하지 않는 다른 곳을 찾으면 됩니다. 협조 공문을 보내는 것이 어려운 일은 아니지만, 사진 한두 장 받자고 업무 이외의 다른 일을 만들어서 해야 하니 추천할 만하지는 않습니다. 이렇게 콘텐츠를 발행하고 나면 도움을 준 담당자에게 콘텐츠 게재 링크와 함께 알림 메일 정도는 남겨주는 것이 좋습니다.

인스타그램 　　　　　　　　　　　　　● ● ●

인스타그램은 우리 콘텐츠를 선보이는 무대이자, 전 세계에서 가장 많은 이미지 자료를 보유한 플랫폼입니다. 그래서 인스타그램에서 이미지를 찾아 콘텐츠를 제작하는 건 어쩌면 인스타그램에 가장 적합한 이미지를 활용한다는 점에서 꽤 효율적이고 좋은 방법입니다.

　무엇보다 유료 이미지의 인위적인 표현에서 벗어날 수 있습니다. 유료 이미지 플랫폼들에는 외국인이 등장하는 사진과 전문가가 찍은 사진이 많습니다. 다양하게 쓸 수 있는 범용 이미지이기 때문에 메시지를 활용하기에도 어렵죠. 그래서 콘텐츠의 기획을 살리려다 보면 유료 이미지가 너무 인위적이라서 사진을 촬영해야만 하는 상황이 생깁니다. 또 촬영은 어렵고 유료 이미지로도 구할 수 없는 사진이 인스타그램에는 많습니다. 지금 이 순간에도 수많은 콘텐츠가 인스타그램 이용자들이 허락해준 사진을 거쳐가고 있습니다.

인스타그램에서 사진을 마련하는 가이드라인 　● ● ●

① 검색

해시태그에서 사진 키워드를 세 개 정도 검색합니다. 우리가 콘텐츠에서 사용할 만한 사진 후보를 여럿 뽑습니다. 그리고 아이디와 함께 사진을 캡처하고, 사람들에게 디엠^{DM}을 보냅니다. 검색할 때 일부 PC에서는 피드가 가려지므로 모바일 기기를 활용하세요!

② 문의하기

사진 저작권자에게 DM으로 사진 사용을 요청할 때는 꼭 넣어야 하는 내용이 있습니다. 가장 먼저 본인을 소개하고 사진의 사용 목적을 밝힌 다음, 꼭 사진 출처를 명기하겠다고 안내해야 합니다. 저작권자가 DM을 바로 확인하지 않으면 최근 발행된 콘텐츠와 허락받고 싶은 사진에 댓글을 남기는 방법을 추천합니다. 댓글 창을 이용할 수도 있지만, 계정에 따라 댓글 창이 어지러워지는 걸 싫어하는 분들은 우리의 요청 댓글을 그냥 지워버리기도 하거든요. 그래서 되도록 긴 내용은 DM으로, 확인 요청은 댓글로 시도하기 바랍니다.

③ 발행 전 검토

콘텐츠를 제작한 다음에는 이미지 사용을 허락해준 이에게 꼭 2차 저작물에 대한 허락을 받아야 합니다. 이렇게요. "도움을 주신 덕분에 이렇게 콘텐츠를 만들 수 있었습니다. 콘텐츠는 (발행 일자)에 발행하려고 합니다. 내용 확인차 완성된 콘텐츠를 보내드립니다. 사진 사용에 동의해주셔서 감사합니다." 대개 호의적인 분들은 긍정적인 반응을 보여주는데, 간혹 거절 의사를 보내오는 사람들도 있습니다. 그러면 그 사진을 사용하지 않고 다른 사진을 찾아서 교체해야 합니다. 처음에는 사진 사용에 동의해놓고 콘텐츠가 발행된 이후에 내용을 보고 뒤늦게 콘텐츠를 내려 달라고 요구하는 사례가 있거든요. 이미지 제공자야 그냥 내려 달라고 하면 끝이지만, 실무자로서는 그러면 꽤 큰일입니다. 일종의 안전장치로써 미리 한 번쯤 콘텐츠 내용을 검수받는 것이 좋습니다.

④ 발행 이후

발행하고 나면 발행 안내와 감사 인사를 전하세요. 소셜미디어 콘텐츠 기획자들은 이미지를 마련할 때만 친절하고 간절하다는 오명을 쓰지 않도록 예방하는 일종의 상도덕입니다.

소통하기 위한
디자인 감각

디자인 감각은 좋은
협업자의 능력 중 하나

콘텐츠 제작이 어려운 까닭은 머릿속 그림을 시각적으로 그려내고 결과물로 만들어가는 과정에서 승인을 받아내기 위해 끊임없는 수정을 감내해야 하기 때문입니다. 콘텐츠 기획자는 디자이너와 소통하려고 처음 마주 앉으면 막막할 수밖에 없습니다. 디자인 도구를 이해하거나 디자인 업무를 해봤다면 수월하겠지만, 어쨌건 콘텐츠 제작 과정은 협동이 중요합니다. 콘텐츠 디자이너가 없을 수도 있지만 따로 있다고 전제하고 설명을 이어가겠습니다.

미리 대화하기

콘텐츠를 기획할 때는 가장 먼저 소재를 확인하고 주제를 정합니다. 그러고 나서 기획안에 옮겨 쓰고 어울리는 카피를 고르고 사진과 영상을 촬영합니다. 우리는 콘텐츠 기획안에 이어 촬영한 비주얼 소스와 문구들을 편집하기 위해 콘텐츠 디자이너에게 디자인 요청서를 보내야 하는데요. 디자이너와 처음 협업한다면 이런 생각이 들죠.

'어떤 내용을 써야 하지?', '어디까지 써야 하지?'

디자이너는 소스와 내용을 한번 보면 척 만들어주는 전문가입니다. 하지만 가이드라인이 없으면 기획자가 구상한 내용과 다른 결과물이 나올 수도 있습니다. 카피와 주제만으로는 머릿속에 다른 그림을 그릴 수도 있거든요. 그래서 기획자가 구상한 그림이 디자이너 머릿속에도 똑같이 떠오르게 하려면 콘텐츠 디자인에 들어가기 전에 만들어야 하는 콘텐츠를 놓고 디자이너와 충분히 이야기를 주고받아야 합니다.

저는 대개 이미지를 찍어서 보내거나 가장 비슷한 레퍼런스를 찾아서 공유합니다. 카피는 썼는데 비주얼이 생각나지 않아 고민될 때는 디자이너에게 도움을 요청합니다. 그러면 디자이너가 답을 찾아주기도 합니다. 간혹 본인 콘텐츠인데 디자이너에게 조언을 구한다고 달가워하지 않는 기획자들이 있는데, 전문가인 파트너와 머리를 맞대는 것이니 콘텐츠를 위해서는 오히려 바람직한 일이죠. 이렇게 대화를 나누다 보면 고민거리가 자연스럽게 해결됩니다.

디자인 요청서 쓰기   ● ●

디자이너가 이해하기 수월한 가이드라인은 디자이너마다 다릅니다. 그
래서 디자인 요청서에 담을 정보도 함께 의견을 나누며 정리하는 것이
좋습니다. 예를 들어 디자이너가 일러스트를 잘 그린다면 본인 스타일
을 가장 잘 살릴 수 있도록 콘텐츠를 일러스트로 기획해야 만족스러운
결과물을 얻겠죠. 반대로 기획자가 구상한 그림과 디자이너가 만들어
낸 결과물이 다르다면 의사소통에 문제가 있어서 디자이너가 기획자의
생각을 읽지 못해 길을 잃었을 수 있습니다.

그런 일을 예방하려면 기획자가 디자이너에게 전달할 요청서를 잘
작성하는 수밖에 없습니다. 디자인 요청서에는 제작에 필요한 영상과
사진 같은 비주얼 소스를 넣고 디자인과 편집 방향을 적으면 됩니다. 제
가 쓰는 양식을 참고해서 자유롭게 응용해보세요.

이 요청서에는 일단 콘텐츠 내용을 개괄적으로 알 수 있도록 소재, 주
제, 콘텐츠 유형, 마감일을 적습니다. 그 위에는 콘텐츠 이미지가 들어갈
공간을 남겨두고 카피를 씁니다. 그 아래에는 시안 제작에 필요한 가이
드를 적어넣고요. 그 아래에는 이미지 제작을 위해 참고할 레퍼런스를
모아둡니다.

[콘텐츠 이미지]

콘텐츠에 들어갈 이미지를 배치하는 공간

(디자인 요청 원본)

[디자인 요청 내용]

소재: (아이템 이름)이 돋보이도록 보정
주제: (아이템 이름)이 있어 더 즐거워지는 가을 캠핑
유형: 캐로셀 콘텐츠
마감: m월/d일
발행: m월/d+7일
채널: 인스타 스토리
규격: (세로)X(가로)
이미지 번호: IMG_0012

[레퍼런스]

참고할 부분 표기

참고할 부분 표기

[보정 색깔 참고]　　　　　　[타이포 디자인 참고]

디자인 요청서에는 어떤 내용이 들어가야 할까? • •

함께 일한 디자이너 동료들에게 의견을 묻고 이야기 나눈 내용을 토대
로 디자인 요청서에 필요한 사항을 정리해보았습니다.

우선 콘텐츠의 브랜드를 적습니다. 그리고 콘텐츠의 기존 톤앤매너,
내가 만들고 싶은 콘텐츠에 관한 이야기를 가장 먼저 작성해주세요.

두 번째, 콘텐츠 발행처와 콘텐츠 규격을 적습니다. 페이스북과 인스
타그램은 정방형이라 규격이 같지만 인스타그램 스토리는 다르니까요.
gif 등을 넣을 여백도 생각해야 합니다. 오랫동안 같이 일한 디자이너에
게는 규격을 맞춰 달라고 간단하게 이야기할 수도 있지만, 처음 함께하
는 디자이너라면 되도록 콘텐츠 규격도 같이 기재하는 것이 좋습니다.

세 번째, 콘텐츠에 반드시 표기해야 할 내용이 있다면 안내해야 합니
다. 브랜드마다 그 내용이 다르긴 한데요. 반드시 워터마크를 넣어 달라
는 곳도 있고, 금융 브랜드에는 심의 문구를 추가해야 하고, 주류 브랜
드는 항상 음주 경고 문구를 넣어야 합니다. 이렇게 브랜드마다 콘텐츠
에서 꼭 드러내야 하는 내용이 있으면 짚어주세요.

네 번째는 기획자가 시안에 필요하다고 생각하는 내용입니다. 예를
들어 사진 편집 콘텐츠라면 색 보정과 플랫폼 규격에 맞는 이미지 크롭
(잘라내기)이 필요하겠죠. 또 여러 플랫폼에 발행할 콘텐츠라면 규격에
따라 변경을 요청하면 됩니다. 사진에 텍스트가 들어갈 구역과 여백과
함께 원하는 폰트도 구체적으로 표기해서 전달하면 디자이너에게 도

움이 됩니다. 간혹 시안에 정말 상세하게 가이드를 제시하거나, 디자이너를 그저 기술자 정도로만 대하는 기획자들이 있는데요. 저는 가이드도 물론 필요하지만, 디자이너가 기획자보다 디자인 안목이 높다고 생각합니다. 그래서 폰트, 질감, 색감 등은 디자이너의 안목을 믿고 맡기는 편입니다. 한번은 제가 시안에 가독성 높은 영화 자막 스타일 폰트로 카피를 넣고 싶다고 디자인 요청서에 쓴 적이 있는데요. 그때 디자이너가 이렇게 답변을 보내주었습니다.

"영화 자막으로 많이 쓰는 굴림체가 가독성을 높이기에는 좋은데 그러면 다른 콘텐츠와 지나치게 비슷해질 수 있고…… 명조체는 너무 흔하니까 이번에 고딕체를 활용해보면 어떨까요. 살짝 기울여서 고딕을 표현하면 오히려 더 감각적으로 보일 수 있습니다."

바로 이래서 의견을 제시하되 디자이너의 선택을 믿고 진행하는 것도 괜찮습니다. 디자이너의 안목을 믿어보세요.

레퍼런스는 얼마나? ● ●

레퍼런스는 콘텐츠를 기획하는 과정에서 찾아보고 누군가를 설득하는 데도 활용합니다. 너무 다양한 레퍼런스를 제시하면 상대가 레퍼런스에서 무엇을 참고해야 할지 헷갈릴 수 있습니다. 되도록 디자이너에게 도 유력한 레퍼런스 하나를 전달하세요. 디자이너는 기획자가 보여준 레퍼런스를 보고 기획자의 의도를 추측해서 콘텐츠를 디자인합니다. 여기에 레퍼런스에서 반영하고 싶은 부분을 짚어주면 더욱 좋습니다. 그러면 디자이너가 그 요청을 보고 콘텐츠에 최대한 반영할 테고, 만약 어려운 요청이면 따로 설명해줄 겁니다.

　디자이너와 의견을 나눌 때 가장 중요한 점이 바로 마감입니다. 우선 디자이너에게 디자인을 맡길 때는 1차 마감 일정을 정확하게 알려줘야 합니다. 기한을 정해줘야 디자이너도 그때까지 시간을 맞추니까요. 1차 마감일을 먼저 제안한 다음, 디자이너와 협의를 거치는 것이 좋은데요. 콘텐츠 난이도에 따라 디자이너도 시간을 확보해야 해서 평균치가 없습니다. 디자인 난이도가 낮은 콘텐츠가 아니라면 디자인을 고민할 시간이 필요하니까요. 1차 마감까지 2.5일, 수정 기간 2.5일 정도는 디자이너에게 보장해주는 것이 좋습니다. 그 안에 수정이 몇 차례 오갈지 모르지만, 보통 1차 제작본이 나온 뒤에 수정할 일이 생기면 1차 제작본 기간만큼 시간이 들지는 않더라고요. 그리고 디자이너에게도 최종 보고일이나 발행일을 알려주세요. 그러면 디자이너도 혹시 모를 두세 차례 수정을 위해 시간을 비워둡니다.

디자이너와 협업할 때 콘텐츠 기획자의 태도 ● ●

막막할 때는 디자이너와 의논해보세요. 카피와 콘셉트가 모두 떠올랐는데 시각 요소에서 생각이 꽉 막힐 때 디자이너와 의견을 주고받으면 콘텐츠를 풀어가는 데 큰 도움이 됩니다. 간단하게 메신저를 이용해도 되고 회의를 해도 좋습니다. 디자이너도 콘텐츠 기획 과정에 참여하게 해서 함께 문제를 해결해나가면 콘텐츠 완성도를 높이는 데 큰 도움이 됩니다.

상상이나 느낌을 단어로 설명하지 말고 레퍼런스를 찾아서 이미지로 대화하는 습관을 길러보세요. 느낌만 가지고 디자인 방향을 설명하면 대화가 잘 풀리지 않는데, 레퍼런스를 보여주면서 의견을 내면 정말 이야기가 잘 통합니다. 같은 그림을 머릿속에 그릴 수 있기 때문이죠. 우리가 생각하는 레퍼런스를 찾아서 보여주면 디자이너는 그보다 더 나은 레퍼런스나 대략적인 콘티를 가져옵니다. 그중에서 선택해 디자인을 진행하거나 시작점을 잡고 같이 시안 방향을 풀어가는 것이 좋습니다. 콘텐츠 기획자와 디자이너는 떼려야 뗄 수 없는 협업관계고, 이런 시행착오를 거치면서 기획자는 디자인 안목을 기를 수 있습니다.

5단계 발행 후

고객 반응 탐색과 피드백 반영부터 인풋 습관까지

CONTENTS

발행은 새로운
업무의 시작

콘텐츠를 발행하면
결과와 마주할 시간이다.

'콘텐츠 기획자의 업무는 어디까지인가?'라는 질문을 받은 적이 있습니다. 덕분에 고민을 이어가며 저 나름으로 정의를 내릴 수 있었습니다. 콘텐츠 기획자는 콘텐츠를 기획하고 제작하고 가이드라인을 제시하고 발행하는 단계까지 절차가 있어서 대개 발행까지가 기획자의 업무라고 생각하기 쉽습니다. 그러나 의외로 기획자의 일은 콘텐츠를 발행하고 나서도 모니터링과 댓글리케이션까지 이어집니다.

강의하러 가서 모니터링 이야기를 할 때마다 이런 말을 꺼냅니다.

"브랜드 콘텐츠 기획자는 본인보다 남들이 좋다고 할 만한 거리를 생각하고 일하면서 결과물을 만듭니다. 그 결과물을 대중에게 보여주고 내 판단이 옳았는지 매일 평가를 받아야 하니 슬프죠."

열심히 콘텐츠를 만들고 발행까지 했다면 우리는 모니터링이라는 이름의 평가와 마주해야 합니다. 콘텐츠를 발행한 곳인 소셜미디어 플랫폼은 저마다 평가지표가 있습니다. 콘텐츠에 달리는 하트, 좋아요, 댓글, 공유 등의 개수에 따라 독자들의 평가를 분석하죠. 콘텐츠 기획자는 이 성적표를 섬세하게 살피며 그 이유를 분석하고 다음 콘텐츠를 생각합니다. 다행히 반응이 좋으면 그 기조에 맞춰가고, 영 반응이 없거나 팔로워가 줄어들면 문제점을 파악해서 콘셉트나 콘텐츠의 방향을 다시 고민해야 합니다. 물론 브랜드 채널은 광고성 콘텐츠를 발행하기 때문에 일정 팔로워들이 늘 이탈합니다. 광고 메시지를 군이 팔로우할 필요가 없으니까요. 특히 요즘에는 리워드앱으로 팔로워를 확보한 뒤 이벤트를 열어 팔로워 이탈을 막습니다. 브랜드에서 이벤트를 하는 이유가 평소 궁금했다면 신규 팔로워를 모집하고 이탈을 방지하기 위해서라는 점도 알아두면 좋겠습니다.

우리가 펼치는 콘텐츠 마케팅이란 분야가 반짝하고 사라지는 것들에 목숨을 거는 세계인 양 보이기도 합니다. 하지만 사실은 꾸준히 콘텐츠를 발행하고 쌓는 지구력이 필요한 일입니다.

자사 브랜드 채널 모니터링하기 ● ●

처음 모니터링하면 어리둥절하기 마련입니다. 아무도 모니터링 범주를 정의한 적이 없기에, 브랜드마다 모니터링 범위가 다를 수 있습니다. 그래서 콘텐츠 기획자라면 다음 두 가지는 확인해야 합니다.

① 본인이 만들고 발행한 당일 콘텐츠
② 해당 주에 발행한 지난 콘텐츠

콘텐츠를 올리면 독자들 사이에 퍼져나가도록 콘텐츠 광고를 붙일 텐데요. 콘텐츠 하나의 게시물 광고 기간은 대개 일주일로 잡습니다. 그동안 스팸 댓글이나 악성 댓글은 없는지, 콘텐츠에 달리는 댓글 수는 꾸준히 증가하는지 확인합니다.

댓글은 콘텐츠를 발행하고 하루가 지난 시점까지 수두룩하게 달리니, 이때 중점적으로 모니터링하면 됩니다. 물론 모든 댓글을 다 유심히 볼 필요는 없습니다. 댓글 성격은 대개 다음과 같습니다.

① 콘텐츠를 보고 평가하는 댓글
② 친구를 소환하는 댓글
③ 스팸
④ 콘텐츠나 브랜드와 관련된 질문

특히 네 번째 질문은 희귀한 고객 반응이라서 이런 댓글을 받지 못한 브랜드가 더 많죠. 만약 여러분이 콘텐츠를 잘 이끌어서 브랜딩에 일조하고 있다면 콘텐츠 댓글 방향은 우호적일 테고 콘텐츠 평가부터 독자들 아이디어까지 확인할 수 있습니다. 이 중 애정이 담긴 댓글은 보고서에 활용할 수 있도록 부지런히 수집하세요.

소셜미디어에는 가짜계정(가계정)이 무척 많습니다. 가계정이 조용히 있기만 하면 다행인데, 게시물 광고를 붙인 브랜드 콘텐츠에 줄기차게 스팸 댓글을 달아서 기생충처럼 들러붙어 홍보합니다. 당연히 스팸 댓글은 삭제하고 차단해서 엄정하게 처단해주세요. 지역이나 성별 혐오를 담은 각종 비방 댓글도 보일 때마다 삭제해주세요. 지워도 또 달리겠지만 눈에 띌 때마다 정리해서 댓글 공간을 깨끗하게 유지하는 게 좋습니다. 안 볼 것 같지만 독자들은 댓글 공간이 지저분하면 브랜드가 계정 관리를 안 한다고 쉽게 넘겨짚을 수 있습니다.

타사 브랜드 채널 모니터링하기　　● ● ●

경쟁사 소셜미디어 채널도 모니터링하는 이유는 크게 두 가지입니다. 우선, 우리 콘텐츠와 소재가 겹치거나 표절하지 않았는지 확인해야 합니다. 실제로 제가 만든 콘텐츠의 카피를 동종업계 페이지에서 일 년 뒤에 고대로 활용해서 관련 회사에 항의한 경험이 있습니다. 소셜미디어에서 콘텐츠 소재가 같으면, 콘텐츠 메시지나 표현방식이 비슷하거나 겹칠 수 있습니다. 특히, 밈을 활용한 콘텐츠라면 콘텐츠 방향이 흡사해서 누가 먼저 발행하는지가 중요한 타이밍 싸움이 될 수도 있습니다. 그래서 경쟁사 채널을 모니터링하며 우리의 현주소를 점검하고, 표절 등 문제가 있다면 지켜보았다가 항의해야 합니다.

경쟁사에 이슈가 생기면 독자들이 반응하는 지점과 우리가 참고할 사항을 파악하기 위해 타사 채널을 모니터링하기도 합니다. 업계 동향을 살필 때 타사 채널을 모니터링하면 꽤 유용하죠.

만약 우리 브랜드가 타사에 비해 월등하게 소셜미디어 콘텐츠 마케팅을 잘한다면 동종업계보다 다른 업계 선두주자를 모니터링하는 것이 좋습니다. 저는 개인적으로 다른 업계 선두주자의 콘텐츠를 훑다 보면 자연스럽게 영감이 떠오르더라고요.

모니터링을 위한 도구　　●　●

채널 모니터링은 보고 나서 그냥 넘기지 않고 일기처럼 수치나 이슈를 매일 기록하는 일입니다. 채널과 관련된 다양한 수치의 추이를 꾸준히 살피려면 스프레드시트를 활용하는 것이 좋습니다. 보고해야 한다면 엑셀로 수치를 합산해서 문서를 작성해 공유하는 것도 괜찮은 방법입니다. 브랜드마다 차이가 있겠지만, 대개 소셜미디어 채널을 모니터링

할 때는 크게 세 가지를 중심으로 기록합니다.

- 자사 및 경쟁사 채널의 팔로워, 참여 수치, 댓글 수 증감
- 브랜드와 관련된 주요 해시태그 사용량 증감
- 채널 운영과 관련된 변동사항이나 업데이트 등 주요 히스토리

세세하게 공들일 필요는 없습니다. 그저 살펴보고 기록하는 것이 중요하니까요. A 브랜드를 예로 들어 양식을 만들면 아래 표와 같습니다. 여기서 B는 경쟁사가 되겠죠.

팔로워는 우리 브랜드 계정을 팔로우한 사람 수, 증감은 전날과 비교한 팔로워 수 차이, 참여도는 당일 발행한 콘텐츠의 소비자 반응으로, 예컨대 인스타그램이라면 하트(좋아요), 스크랩, 댓글 수를 합산한 수치입니다. 콘텐츠 하나에 반응한 팔로워의 비율을 인게이지먼트 지수ER, Engagement Rate라고 하는데, 콘텐츠 참여 수를 팔로워 수로 나눈 값입니다. 이 인게이지먼트 지수가 높았다면 당일 발행한 콘텐츠에 많은 팬이

날짜	A 인스타그램			A 페이스북			B 인스타그램		
YY.MM.DD	팔로워	증감	참여도	팔로워	증감	참여도	팔로워	증감	참여도
2023.01.01	1111	+2	301	12121	−12	122	1220	+10	123

반응을 보였다는 뜻이죠.

　모니터링은 매일 기록하며 브랜드 채널의 변화를 추적하는 일입니다. 그래서 채널 독자가 급감한다면 채널과 얽힌 다른 이슈가 생겼다는 의미입니다. 댓글 모니터링은 발행한 콘텐츠에 일주일 동안 달린 댓글을 확인하고 콘텐츠에 정성을 들이는 독자들의 판단을 살펴보며 댓글 리케이션하는 작업입니다. 콘텐츠 주간 보고나 월간 보고를 할 때는 의미 있는 댓글(이를테면 브랜드나 콘텐츠에 대한 칭찬 등)을 소개하면 됩니다. 부정적인 VOC Voice of Customer는 모아서 한 번에 응대하기보다 그때그때 해결하고, 보고서에는 대응 과정과 방안 등을 기록합니다.

댓글리케이션의
세 가지 목적

독자가 반응하면 새롭고
재미있는 콘텐츠가 된다.

소셜미디어를 브랜드 '홍보 수단'으로 활용해서 광고 콘텐츠만 올려도
됩니다. 독자들이 그 계정을 팔로우할 리는 없겠죠. 브랜드가 소셜미디
어를 활용하는 이유를 되짚어보면 어렵지 않게 고객과의 소통이 목적
이라는 점을 알 수 있습니다. 저마다 채널 전략이나 콘셉트를 두고 다
른 이야기를 하지만, 본질적으로 브랜드가 소셜미디어에서 얻으려는
건 팬덤입니다. 이 팬덤을 위해 콘텐츠 기획자들은 오늘도 수많은 콘텐
츠를 쏟아내죠. 콘텐츠를 제작해서 발행했다면 이제 댓글리케이션으로
브랜드의 소통능력을 보여줄 차례입니다.

　독자와 소통하기 위한 채널의 운영 구조는 단순합니다. 관심을 끄는

콘텐츠를 올리고 댓글이 달리면 응대합니다. MZ세대는 유난스러울 만큼 꼼꼼하게 대답해주는 브랜드에 호감을 느낍니다. 제가 맡았던 소주 브랜드 프로젝트에서 굉장히 공격적으로 댓글리케이션을 했는데요. 그때 목적은 세 가지였습니다.

댓글리케이션 첫 번째 목적, 코어팬 만들기 ● ●

브랜드 채널에서 독자들이 반응할 만한 콘텐츠를 제작해서 댓글이 달리기 시작했다면 이제 댓글을 단 사람을 팬으로, 팬에서 코어팬으로 만들어가는 과정의 시동을 걸 때입니다. 브랜드에 우호적인 팬을 형성하기 위한 댓글리케이션에는 섬세한 손길이 필요합니다. 일단 채널을 방문한 독자들 마음속에 '최애(가장 사랑하는 것)' 브랜드 계정으로 자리 잡는 작업부터 시작해야 하기 때문이죠.

콘텐츠를 보고 좋다고 생각한 사람들은 콘텐츠의 기대치가 낮아지면 브랜드 계정에 다시 반응하지 않습니다. 그렇긴 해도 댓글리케이션으로 얼마간 콘텐츠의 흥행 마지노선을 그을 수 있습니다. 무엇보다 브랜드 채널에 코어팬이 생기면 콘텐츠를 발행한 직후부터 좋은 반응을 얻고 댓글 공간에 우호적인 분위기까지 조성할 수 있습니다. 독자들이 관심을 보이는 콘텐츠를 취향이 비슷한 이용자에게도 추천하는 플랫폼의 알고리즘에 좀 더 다가가기 위한 방법이기도 하죠.

그렇다면 브랜드 채널을 어떻게 독자들의 최애로 만들 수 있을까요? 사람들은 브랜드의 소셜미디어 채널이 늘 일방적으로 이야기한다는 편견이 있습니다. 독자에게 다짜고짜 정보부터 들이미는 광고를 주로 보아왔으니까요. 그래서 사람들은 브랜드 채널이 그들 댓글에 답글을 '빠르고', '친절하고', '꾸준히' 달아주기만 해도 일단 조금씩 관심을 보이며 마음을 엽니다. 그렇게 대화를 이어가다 보면 친한 척도 하게 되고, 실제로 서서히 친분이 생깁니다. 이 친분이 콘텐츠가 발행되는 시간마다 담당자와 이야기를 주고받고 싶어 하는 독자를 우리 브랜드 채널로 인도합니다. 친근한 댓글리케이션을 목격한 이들도 소통에 참여하고 싶은 호기심에 댓글을 달죠. 그 뒤로 꾸준히 소통하며 코어팬을 잘 관리하면, 채널에서 또렷이 눈에 띄는 팬을 꾸릴 수 있습니다.

다만, 어렵고도 주의할 점이 있습니다. 댓글리케이션에서 중요한 대화의 눈높이입니다. 댓글을 올린 팬들에게 막상 답글을 달아주려다 보면 얼마나 친분을 담아야 할지 난감함이 앞설 텐데요. 정답은 아니겠지만, 저는 일단 이용자들과 눈높이를 맞추고 편안함을 느끼게끔 먼저 말을 겁니다. 대개 팬들이 브랜드 채널에서 하는 말은 비슷비슷합니다. 감정을 담아 감탄하거나 친구에게 의견을 묻거나, 둘 중 하나예요. 감탄하는 댓글에는 똑같이 감탄하거나 감사의 인사를 전하고, 친구와 대화하는 자리에는 끼어들어서 저도 마치 친구인 양 자연스럽게 그 대화에 녹아들었습니다. 댓글리케이션에 꾸민 티가 역력하면 오히려 팬들의 추가 댓글을 막아버릴 수 있으니, 되도록 '~요'처럼 친근한 구어체 말투로 댓글을 작성하는 것이 좋습니다. 상대가 우리와 함께한 대화를 떠올렸을 때 '나는 브랜드 담당자와 댓글로 친근한 대화를 했고, 브랜드 담당자가 나를 기억한다'는 생각이 들게끔 했다면 성공입니다. 그래서 댓글 리케이션 하는 동안 팬의 이름을 불러주거나 다시 만나 반갑다는 인사를 남기면 꽤 효과가 좋습니다. 나중에는 이 티키타카만을 위해 브랜드 채널에 들어오는 팬들도 생겨날 수 있습니다. 다만, 존댓말 댓글에 굳이 반말로 대답하지는 마세요. 이용자들이 존댓말로 댓글을 작성했는데 브랜드 채널 담당자가 반말이나 낯선 친근감으로 응대하면 이용자들이 불쾌감을 드러낼 수도 있습니다.

댓글리케이션 두 번째 목적, 브랜드 고객관리　　● ●

브랜드에서 진행하는 프로모션과 이벤트와 관련해 고객이 남긴 소수의 견이나 질문에도 친절하게 응대하는 이유는 브랜드가 고객과 소통하는 접점을 늘려가기 위해서입니다. 특히 많이 나오는 질문은 고정 댓글이나 베스트댓글로 올리고 소수의견이라도 친절히 대답해주세요. 실제로 제가 맡았던 채널에서 정성을 담은 댓글 덕분에 브랜드 계정에 친근감을 느끼고 브랜드 호감도가 올라갔다는 독자의 반응을 들은 적이 있습니다.

고객관리를 위해 댓글을 작성할 때는 사실관계를 확인해야 합니다. 사안에 따라 고객관리 부서의 협조를 받아야 할 수도 있습니다. 브랜드의 민감한 부분을 건드리는 답변을 요구하는 댓글이 달리기도 하기 때문에 되도록 사실을 들어 담백하게 답글을 작성하는 것이 좋습니다. 반성문이나 사과문을 올릴 때는 댓글이어도 장난스러운 이모티콘이나 의성어를 사용하지 않도록 주의하기 바랍니다.

댓글리케이션 무용론　　　　　● ●

댓글리케이션이 필요 없다는 의견도 있습니다. 오다가다 댓글을 작성한 모든 이를 브랜드 계정이 응대하기에는 담당자의 업무가 산더미이기 때문이죠. 댓글리케이션만 신경 쓰다 보면 콘텐츠 기획에 소홀해질수도 있습니다. 콘텐츠에서는 운만 띄우고, 댓글리케이션이 본질이 되는 셈이죠. 댓글로 담당자와 이야기를 나눈 이들이 모두 실제 고객으로 연결될지도 알 수 없습니다. 댓글리케이션이 뜸해지면 고객과의 의사소통도 줄어들기 마련이어서 소모적이라고 생각하기 쉽습니다.

　댓글리케이션의 쓸모는 단순히 하고 안 하고의 문제로만 바라볼 수 없습니다. 댓글리케이션의 효과는 채널 포지션에 따라 달라지니까요. 브랜드가 전하고 싶은 정보를 보여주는 용도로만 채널을 운영하면 굳이 댓글리케이션이 필요 없습니다. 브랜드가 제품 정보를 고객에게 밀어내는 용도로만 소셜미디어 채널을 활용하기 때문입니다. 소셜미디어 채널에서 팬들과 소통하는 접점을 늘려가고 싶은 브랜드라면 댓글리케이션은 필수입니다. 댓글리케이션이 의미 없다고 말하는 이유는 무작정 다가가기 때문입니다. 댓글리케이션을 시도하면 아무래도 소셜미디어에서 브랜드 계정 이름으로 고객과 마주하게 되니 떨리죠. 모든 일이 다 그렇지만 댓글리케이션도 영리하게 접근해야 합니다. 댓글리케이션 어조는 채널 페르소나를 설정하기에 따라 달라지겠지만, 대개 브랜드 계정을 맡은 실무자라면 고려해야 할 가이드라인이 있습니다. 참고할 수 있도록 제 경험을 토대로 시무 10조를 정리해봤습니다.

브랜드 채널 댓글리케이션 시무 10조

일, 브랜드와 관련한 댓글이라면 아무리 사소한 질문이라도 답변해야만 고객은 친절하다고 느낀다.

이, 브랜드 계정으로 댓글을 작성할 때는 반드시 작성자ID를 태그하고 이름을 부르자.

삼, 댓글을 자주 다는 독자는 기억했다가 매번 반기며 섬세하게 응대한다.

사, 댓글리케이션 할 때는 '한때 친했지만 자주 연락하지 않는 친구와 오랜만에 카톡 할 때의 심리적 거리'를 유지한다.

오, 드립 친 사람에게만 드립을 활용해 댓글을 쓴다. 선을 지켜야 댓글로 팬을 꾸릴 수 있다.

육, 단 한 명이라도 불쾌할 만한 단어는 사용하지 않는다(예를 들어 결정장애 -〉사고 정지).

칠, 댓글 공간이 어지러워지지 않도록 지나친 응대는 자제하자.

팔, 존댓말로 쓴 댓글에는 반드시 존댓말로 응대하자.

구, 달린 지 1시간 이내의 댓글에 응답하면 대화로 이어질 확률이 높다.

십, 확인되지 않은 내용에는 추측성 댓글을 달지 않는다.

댓글리케이션 세 번째 목적, 소통 ● ●

인스타그램에는 팬들에게 받은 DM을 재치 있는 응답과 함께 공개하는 콘텐츠들이 종종 올라옵니다. 배달앱 후기에 달린 위트 있는 댓글이나 반응을 캡처한 콘텐츠는 커뮤니티 이곳저곳을 돌아다니며 제법 많은 사람에게 전파되죠. MZ세대 사이에서 소통형 매장으로 입소문을 타고 유행 중인 '녹기 전에'라는 가게는 방명록 내용에 재미있는 설명을 덧붙여서 스토리 콘텐츠로 발행합니다. 독자들이 문의하고 브랜드가 답변하는 내용에 적절한 문구를 추가해 활용하면 양방향 소통이 가능한 브랜드 콘텐츠가 생겨나는 거죠. 이런 답변을 건네고 싶다면 일단 독자들이 먼저 말을 걸어올 만큼 소통을 잘해야 하고, 산뜻한 콘텐츠를 만들어야 합니다. 콘텐츠가 공감되고 재미있으면 독자들의 반응은 늘어나기 마련이고, 브랜드 콘텐츠 참여도 또한 높아집니다.

다만, 소통이 제로인 상태의 브랜드 계정에서 독자들이 반응할 만한 댓글이나 DM을 받으려면 물꼬를 트는 콘텐츠를 발행해야 합니다. 그런 콘텐츠는 유형이 두 가지입니다. 가상으로 소비자와 브랜드가 소통하는 형식의 콘텐츠를 제작해서 서너 차례 발행하거나, 이벤트를 열고 보상을 제공해서 독자들이 참여할 기회를 마련해주는 것입니다.

첫 번째 유형에서는 가상이긴 하지만 대화의 맥락을 치밀하게 작성해서 DM 대화나 댓글이 마치 실제 상황인 것처럼 보여야 합니다. 그래야 소통의 진정성이 엿보여서 독자들이 브랜드 계정에 말을 걸고 싶어 하거나, 브랜드 콘텐츠에 본인 대화가 나오기를 바라게 되기 때문이죠. 당연히 콘텐츠에 대한 반응도 들인 품에 비해 높습니다. 다만, 허구라는 사실이 밝혀지면 소셜미디어 독자들이 비슷한 형식의 다른 대화가 실제여도 믿어주지 않는 상황이 발생합니다. '양치기 소년' 우화처럼 말이죠. 그래서 물꼬를 트는 콘텐츠는 실제로 자연스럽게 두 사람이 대화를 나눠가며 만들어보기를 권합니다.

두 번째 유형을 잘하는 브랜드로는 자동차 브랜드를 꼽을 수 있습니다. 본인이 소유한 차를 자랑하라는 뉘앙스의 이벤트 콘텐츠를 끊임없이 발행합니다. 독자들이 응모한 자동차 사진은 인스타그램 형식에 맞춰 가공한 다음, 공식 계정에서 발행하는데요. 이 과정에서 차주는 자신 작품이 브랜드 계정에 참여한다는 기대감에 부풉니다. 이렇게 독자들의 참여로 엮어가는 콘텐츠의 성공 사례는 집을 잘 꾸며서 인증한 콘텐츠를 모으는 플랫폼에서도 쉽게 찾아볼 수 있습니다.

독자들은 자신의 것을 자랑하고 싶어 합니다. 그래서 자랑하면 보상을 제공하는 브랜드의 이벤트를 그냥 보고 넘길 리 없죠. 이벤트에 참여하면서 브랜드 소셜미디어 계정에서 언급한 독자들의 만족감은 이후에도 브랜드가 진행하는 이벤트나 독자 참여 콘텐츠에 독자들이 우호적으로 다가올 가능성을 높여줍니다.

오래, 꾸준히 콘텐츠를 만들 수 있는 습관

반복이 창의성과
전문성을 증명한다.

5년이 넘도록 한 브랜드의 소셜미디어 콘텐츠를 맡아 기획하면서 가장 많이 들은 질문 중 하나가 '어떻게 그 시간 동안 자기복제 하지 않고 계속 콘텐츠를 만들 수 있는가?'입니다. 광고대행사에서 한 브랜드를 이렇게 오래 맡아 콘텐츠를 기획하는 사례가 흔치 않기도 하지만, 아무래도 5년이면 콘텐츠 영감이 떨어질 만한 시간이기에 신기한 모양입니다. 사실 영감을 유지할 생각일랑 하지 않고 묵묵히 콘텐츠를 만들어온 터라, 어떻게 영감을 유지했을까 기억을 더듬어보니 몇 가지가 생각났습니다.

독자가 좋아하는 걸 파악하고 보여줬을 뿐

브랜드 채널마다 독자들이 기대하는 콘텐츠 유형이 있습니다. 웃긴 콘텐츠, 청춘만화 스타일, 긴 멘션 등 유형도 다양하죠. 저마다 이유는 다르지만 브랜드 채널을 구독하고 유지하며 반응하는 독자들은 '이미 좋아하는 콘텐츠'가 있습니다. 좋아하는 걸 낯설고 다르게 보여주어야 브랜드의 신성함을 유지하는 건 사실이지만, 매번 새로울 수는 없습니다. 가장 좋은 콘텐츠는 독자들이 기대하고 좋아하는 걸 보여주는 콘텐츠입니다. 콘텐츠를 기다리는 독자가 없는 상태라면, 이벤트 게시물을 제외하고 기존에 가장 댓글 반응이 좋았던 콘텐츠가 그 채널 독자들이 기대하는 콘텐츠입니다. 이것저것 발행해보며 우리 채널을 구독하는 독자들이 긍정적으로 반응하는 콘텐츠의 유형을 파악해서 그들이 좋아하는 걸 보여주는 콘텐츠를 기획해야 합니다. 때로는 뻔하다는 콘텐츠가 고객이 원하는 콘텐츠일 수도 있거든요.

템플릿 콘텐츠를 여럿 만들어두기

축구 경기를 떠올려보면 대부분 고정으로 출전하는 주전 선수가 있고 후보 선수가 있습니다. 우리가 만드는 브랜드 콘텐츠를 매번 새로운 내용으로 채우는 건 이상적이지만 어렵습니다. 하루 이틀도 아니고 몇 개월, 몇 년에 걸친 긴 기간이기 때문이죠. 그래서 축구 경기에 출전하는 주전 선수들처럼 독자들에게 반응이 좋으면서 꾸준히 내보낼 수 있는 콘텐츠의 틀을 짜놓으면 좋습니다. 저는 이런 콘텐츠 유형을 '템플릿 콘텐츠'라고 부릅니다. 마치 PPT 템플릿을 만들듯, 전체적인 표현방식은 그대로 둔 채 내용만 갈아 끼우면 새로운 콘텐츠가 될 수 있어 시리즈로 가져갈 수 있기 때문입니다. 기본적으로 독자 반응이 좋았던 콘텐츠로 틀을 짜기 때문에 다소 우호적인 반응을 토대로 브랜드 콘텐츠의 중심을 잡을 수 있고, 도전적인 콘텐츠를 시도할 기회와 여유를 마련해주는 역할도 합니다. 저는 개인적으로 새로운 콘텐츠 영감이 떠오르지 않는데 마감 시간은 촉박할 때 이런 템플릿 콘텐츠를 적극 활용합니다. 영감이 때맞춰 찾아오지 않을 때 콘텐츠를 고민할 시간을 벌 수 있거든요. 다만, 이 템플릿 콘텐츠를 마구 활용하지는 말아야 합니다. 일정 기간을 두고 발행되는 콘텐츠라면 몰라도 비슷비슷한 형식이 거듭 나오면 독자들은 금방 질립니다. 템플릿 콘텐츠는 브랜드 채널에 콘텐츠를 매일 발행하는 기준으로 한 달에 최대 네 개 정도가 적당합니다.

콘셉트를 바꾸면 콘텐츠는 달라진다 ● ●

브랜드에서 더는 콘텐츠로 할 이야기가 떠오르지 않는다면 콘셉트가 없거나, 콘셉트를 바꿔야 하는 타이밍입니다. 경험상 브랜드 소셜미디어 채널에서는 잦게는 분기에 한 번, 길게는 반기에 한 번 정도로 채널 콘텐츠 콘셉트를 바꿉니다. 신규 제품라인이 추가되거나 리뉴얼 등 이슈가 발생해서 주력으로 홍보해야 하는 콘텐츠를 집중 편성하는 기간 이후에 콘텐츠 콘셉트가 자연스럽게 달라지기도 합니다. 콘셉트를 바꾼다니 어렵게 느껴질 수도 있지만, 간략하게 '브랜드가 콘텐츠로 담아가야 할 소재는 그대로 두고 소재를 풀어나가는 방식을 바꾼다'고 생각하면 됩니다. 브랜드에서 다룰 소재는 이미 충분히 이해하고 있기 때문에, 콘셉트를 바꿔서 콘텐츠를 달리 풀어나가면 신기하게도 엮어갈 이야기가 자연스럽게 떠오를 겁니다. 브랜드 채널에서 끌고 가는 콘텐츠 콘셉트는 3개월 정도 유지하는 것이 좋습니다. 수시로 바꾸면 독자들에게 브랜드 채널이 혼란스럽고 제대로 정비되지 않은 인상을 줄 수 있습니다. 3개월이나, 독자들 반응을 지켜볼 수 없는 상황이라면 12개(한 주에 3개씩 4주) 정도 콘텐츠를 발행해서 독자들의 반응 추이를 살펴본 다음 콘셉트를 유지할지 판단하는 것이 좋습니다.

새로운 인풋을 유지하라 ● ●

레퍼런스는 영감의 어머니입니다. 브랜드의 소재로 계속 이야기를 이어가려면 많은 것을 보고 듣고 수집해야 합니다. 콘텐츠의 영감이란 어디선가 수집해놓아서 아는 것을 재창조하며 만들어내는 결과물이라 생각합니다. 하늘에서 떨어지는 '만나'라기보다 꿀벌의 수분으로 부지런히 모아 만들어지는 벌꿀 같은 것이죠. 그래서 꾸준히 콘텐츠를 작업하려면 양질의 글귀, 사진, 영상 같은 소스를 소비하고 수집해야 합니다. 단군 이래 콘텐츠 만들기 가장 좋은 환경이라고 해도 과언이 아닐 만큼 요즘은 관심사나 특정 목적(트렌드 팔로잉, 부동산, 나들이 장소 등)이 담긴 정보를 큐레이션 해서 알려주는 뉴스레터가 다양하고, 인스타그램에도 #영감을 검색하면 관련 내용이 넘쳐납니다. 특히 인플루언서 마케터들도 많죠. 여러분이 브랜드 콘텐츠의 영감이 떨어졌다고 느낄 만큼 새로운 것을 생각해내기 어렵다면, 스스로 무언가를 떠올리려고 애쓰기 전에 큐레이팅 잘하는 이들을 곁눈질하는 것이 더 효율적입니다.

이들을 찾아내는 방법은 간단합니다. 해시태그를 활용해서 검색하거나 주변 마케터들이 팔로우하는 이들을 찾아서, 그들이 챙겨보는 책과 경험하는 곳의 정보를 유심히 지켜보고 똑같이 콘텐츠를 소비하면 됩니다. 영감이 넘쳐나는 세상입니다. 많은 것을 훑어보고 고민하세요. 번뜩이는 영감의 빈도보다 중요한 건 계속 생각해내는 근육이 녹슬지 않도록 질문과 호기심으로 기름칠을 해주는 일입니다.

모르면 물어보라　　　　　● ● ●

빠르게 바뀌는 소셜미디어 트렌드 지형에 피로감을 느끼는 사람이 연차나 직급의 고하를 막론하고 많으리라 생각합니다. 그래서 웬만큼 연차가 쌓이면 트렌드를 쫓는 일에서 손을 놓는 이들도 제법 있습니다. 트렌드를 몰라도 콘텐츠는 만들 수 있으니까요. 그러나 브랜드 콘텐츠의 영감을 계속 유지하고 싶다면 모르는 밈이나 트렌드가 나왔을 때 적극적으로 물어보는 자세가 중요합니다. 밈의 용례, 어원 등을 모르겠으면 '캐릿' 같은 트렌드 큐레이션 서비스에서 찾아보거나 잘 아는 이에게 물어보는 게 상책입니다. 트렌드를 모른다고, 이제 못 하겠다고 포기하기보다는 아직 더 할 수 있다고 스스로 최면을 걸어야 합니다. 물어보고 찾아가는 과정에서 콘텐츠와 관련된 전개방식이나 영감이 떠오를 수도 있거든요.

나이가 들면서 주변 환경이 바뀌면 트렌드에서 멀어지기도 합니다. 하지만 찾아보거나 물어보면 트렌드는 언제나 알 수 있습니다. 콘텐츠 마케터로서 트렌드에서 멀어진다고 느낀다면 그만큼 노력해서 해결할 수 있습니다. 낙담하지 마세요!

다 된 콘텐츠를
망치는 실수들

의도가 좋거나 재미있다고
용서받을 수는 없다.

브랜드에서 마케팅을 목적으로 콘텐츠를 기획할 때는 반드시 하지 말아야 할 것들이 있습니다. 욕심에 눈이 멀어 실수를 저지를 때도 있고, 몰라서 해프닝이 벌어지기도 합니다. 하지 말아야 할 것만 안 해도 중간 이상은 갑니다. 조금만 더 깊이 생각해보면 실수하지 않을 수도 있죠.

표절 시비

브랜드가 콘텐츠를 위트 있게 표현하려다 보면 사람들이 재미있게 소비하는 밈 혹은 짤방을 차용하곤 합니다. 콘텐츠 기획자 대부분이 예전부터 이어온 콘텐츠 기획 방법이죠. 창조하기 어렵다면 패스트무버가 되어 대세 콘텐츠를 발 빠르게 베끼는 겁니다.

저는 앞서 콘텐츠 기획자의 업무를 '누군가의 레퍼런스와 또 다른 누군가의 레퍼런스를 합쳐 또 다른 누군가의 레퍼런스를 만드는 일'이라고 설명했는데요. 마케팅을 위한 브랜드 콘텐츠를 창작할 때 레퍼런스와 차용은 필요합니다.

차용과 표절을 제대로 이해하지 못해서 카피, 콘텐츠 레이아웃, 캐릭터 그림, 사진 구도 등을 그대로 따가는 사례를 종종 발견합니다. 유행하는 노래 가사나 영화 포스터 구성에 제목만 바꿔서 자사 브랜드 소재를 홍보하는 콘텐츠도 찾아볼 수 있지요. 예전에는 권장하던 콘텐츠 기획방식이지만, 이제는 그러면 자칫 표절 시비에 휘말릴 수 있습니다. 레퍼런스를 토대로 콘텐츠를 재창작하는 패러디가 아니라 일부 내용만 바꾼 표절에 가깝기 때문입니다.

브랜드끼리 콘텐츠 표절 시비가 일면 먼저 올린 쪽에서 계정을 통해 사과를 받는 식으로 생각보다는 쉽게 정리됩니다. 하지만 콘텐츠를 만들고 발행한 담당자는 큰 곤욕을 치릅니다. 특히 일반인이 재미있게 풀어낸 내용을 브랜드 콘텐츠로 가져오면 생각보다 훨씬 큰 비난을 삽니다. 협의를 거치지 않고 사용한 멘션의 원작자가 브랜드 측에 항의하며 사과와 함께 큰 액수의 합의금을 요구하기도 하죠. 그래서 작자 미상의 밈이나 문구를 사용한다면 출처나 타 브랜드의 사용 여부를 먼저 확인해야 합니다. 돌다리를 두드려 보고 콘텐츠를 발행해도 늦지 않습니다.

누군가의 비극을 우리의 희극으로 쓰지 말자 ● ●

간혹 특정 대상을 희화화해서 웃음을 자아내는 밈들이 있습니다. 예컨대 tvN에서 방영한 〈슈퍼스타K〉의 남성 출연자가 여자친구 있냐는 질문에 "없어요. 아니, 그냥 없어요"라고 대답한 밈이 한참 시간이 지나 재유행했을 때를 떠올려볼 수 있습니다. 이 유행 때문에 밈 당사자는 방영당시에도 그랬고 재유행하던 시점에도 정신적 고통을 겪었다고 호소했습니다. 누군가에게 비극인 이야기를 대중이 유쾌하고 재미있게 받아들인다는 이유로 브랜드의 소재와 버무려 콘텐츠로 만드는 건 바람직하지 않습니다. 소재가 그것만 있는 것도 아니고요. 그렇게 활용하지 않아도 우리는 괜찮은 콘텐츠 소재를 충분히 찾아낼 수 있습니다.

모든 밈은 어원을 고려해야 한다 ● ●

방금 한 이야기와 이어지는 내용이지만, 브랜드 소셜미디어 채널에서 이 밈을 사용할 때는 발원지와 작성자를 확인해야 합니다. 소셜미디어에서 유행하는 밈은 대부분 커뮤니티 게시글, 트위터 멘션, 인플루언서의 언급으로 생겨납니다. 특정 커뮤니티나 인플루언서의 성향이 언어 자체에 드러나기 마련이죠. 그래서 브랜드가 그 언어를 어원도 모르고 사용하면 자칫 의도치 않게 특정 커뮤니티를 지지한다거나 그 언어의 비하 의도에 동조한다는 뜻으로 잘못 해석될 수 있습니다. 대중에 널리 퍼진 언어라고 안일하게 생각하기보다는 브랜드 콘텐츠의 소재나 전개 방식으로 빌려오기 전에 어원과 출처부터 파악하는 것이 안전합니다. 브랜드는 중립적인 시선으로 고객을 바라봐야 합니다. 우리가 밈을 활용해서 만드는 콘텐츠는 인식을 개선하기 위한 캠페인이 아니니까요.

일러스트로 연예인을 그리면 곤란하다 • •

그림 원본 위에 종이를 올려놓고 아래 면과 똑같이 그리는 작업을 '트레이싱'이라고 합니다. 이런 트레이싱 콘텐츠를 소셜미디어에서는 종종 마주칠 수 있는데요. 위법이기에 대형 브랜드에서는 대부분 전속모델을 두고 별도로 연예인 초상을 트레이싱하지 않지만, 소규모 브랜드에서는 그런 사례를 심심찮게 찾아볼 수 있습니다. 특정인의 초상을 트레이싱해서 발행하는 콘텐츠는 법적으로 제재 대상입니다. 특정 유명인이 본인 이름이나 초상을 광고 목적으로 이용할 수 있도록 보장하는 권리인 '퍼블리시티권(초상 사용권)'을 침해하기 때문이죠. 재미있고 유행하는 콘텐츠를 만들려고 했을 뿐 악의적인 의도는 없다고 해서 위법이 합법으로 되지는 않습니다. 또한 그리는 방식이 아니라 유명인 이름으로 펫네임을 지어서 홍보하는 행태도 마찬가지로 제재를 받습니다. 연예인과 인플루언서 들의 팬덤이 발달하면서 이런 권리 침해에 촉각을 세운 이들이 소셜미디어에 수두룩하고 또 모니터링하며 눈여겨보기 때문에, 브랜드가 유명인을 언급하거나 '무료로' 이미지를 광고 소재로 사용하는 행동은 삼가야 합니다. 논란이 될 만한 콘텐츠는 애초 기획하지 않는 것이 상책입니다.

협업하는 사람들에게 실례하지 않기 ● ●

콘텐츠 제작은 한 사람의 구상에서 시작하지만, 완성하기까지 여럿의 마음, 머리, 손을 거쳐야 하는 일입니다. 그래서 제작하는 동안 의사소통의 어려움과 조율이 뒤따르기 마련이죠. 의사소통하는 과정에서 실수가 생기거나 무심코 무례를 저지를 수도 있습니다. 특히, 제 딴에는 배려라고 생각한 요청이 오히려 무례한 요구로 비치기도 합니다. 그래서 기획자와 제작자 사이에 무례한 요청이 무엇인지 알아두면 매끄러운 협업으로 완성도 높은 콘텐츠를 만들어낼 수 있습니다.

 – 디자이너나 일러스트레이터에게 사전 합의나 비용 없이 수정하겠다고 원본 작업 파일을 달라고 한다.

- 완성본을 보여주기 전에 수정한 내용을 핸드폰으로 찍어서 먼저 보여 달라고 한다.
- 명확한 가이드를 제시하지 않고 '~한 느낌'이라고 표현하며 콘텐츠 제작물을 추상적으로 요구한다.
- 기획자의 그림이 너무 명확해서 작업자를 도구로 여기며 결과물을 만들어낸다.
- 실시간으로 띄엄띄엄 또는 시간 여유 없이 급하게 수정을 요청한다.
- 본인 눈에 쉬워 보인다고 해서 작업자의 노고를 함부로 평가한다.
- 콘텐츠 제작에 들이는 인건비를 기준으로 콘텐츠 값어치를 평가한다.

법 테두리 안에서 창의력을 발휘한다　　● ●

브랜드에 따라 아무런 제약이 없기도 하지만, 금융이나 주류 브랜드는 법적 규제가 강해서 콘텐츠를 원하는 대로 다 제작할 수는 없습니다. 법 테두리 안에서 진행해야만 하죠. 예컨대, 주류 브랜드는 주류법상 음주를 미화하거나 음주 행위를 권장하면 안 되기 때문에 건배 제의, 건배사, 음주의 스트레스 해소 효과 등을 콘텐츠 내용에 담을 수 없습니다. 이런 규제사항이 많은 브랜드는 콘텐츠를 기획할 때 규제를 포함해 허위 또는 과장 광고까지 깊이 고민해야 합니다. 다이어트 보조제, 건강기능식품 브랜드에서 말하는 '도움이 됨'과 '도움을 줄 수 있음'은 얼핏 같아 보이지만 엄연히 확신의 차이가 있습니다. 소비자가 받는 인상이 달라지기 때문에 카피도 함부로 쓸 수 없습니다. 그래서 '표시·광고의 공정화에 관한 법률'을 참고해서 규제를 제대로 이해해야 합니다. 쓸 수 없는 표현을 정확하게 파악할 필요가 있습니다.

확증편향 ● ●

웬만큼 콘텐츠를 기획하고 발행하면 잘되는 콘텐츠 사례가 생기고, 이런 경험은 또 다른 성공으로 이어집니다. 이상적이기는 한데, 문제가 하나 생길 수도 있습니다. 성공 경험이 쌓이다 보면 자만심과 협소한 시각이 확증편향으로 이어지는 거죠. 게다가 연차가 올라가서 경력이 붙으면 자기가 생각하는 트렌드 방향으로만 자료를 수집하고 비슷한 이야기에만 귀를 기울이게 됩니다. 말하자면, 보고 싶은 것만 보고 듣고 싶은 것만 듣는 겁니다.

이런 심리를 '확증편향'이라고 합니다. 브랜드 콘텐츠 기획자라면 자기 콘텐츠에 확신을 보여야 합니다. 하지만 함께하는 사람들의 의견을 무시하고 본인 기준과 시선으로만 독선적인 콘텐츠를 만들면 무척 위험합니다.

콘텐츠는 타인이 보는 겁니다. 내가 만들고 내가 보기에 좋은 콘텐츠는 자기만족에 그치기 십상이죠. 본인 콘텐츠를 위한 피드백에 방어적이고 아집이 있으면 협업하기 어려운 사람이라는 인상만 줍니다. 콘텐츠는 자기만족을 넘어 독자인 타인을 향한다는 사실을 꼭 기억하세요.

시간이 지나도 즐길 수 있는 콘텐츠 ● ●

독자들은 브랜드가 만든 콘텐츠에 담긴 '전문성'을 인정하고 신뢰합니다. 그래서 사실 여부를 제대로 확인하지 않은 콘텐츠를 발견하면 실망하고 질타합니다. 콘텐츠 마케터는 브랜드에서 발행하는 콘텐츠의 전문성과 신뢰성이 중요하다는 점을 알고 있습니다. 반면, 전문적이고 사실 중심의 이야기를 콘텐츠로 발행하면 독자들이 잘 읽지 않는다는 점 또한 잘 알고 있죠. 그래서 다양한 카테고리를 설정하고 어려운 정보를 콘텐츠로 쉽고 재미있게 풀어서 메시지를 전달합니다. 그러다 보면 유쾌한 카피 짤방 등으로 콘텐츠의 무게감이 가벼워지는데요. 이 과정에서 콘텐츠의 수명을 고려하는 생각을 자주 놓칩니다.

콘텐츠의 수명이란 콘텐츠를 소셜미디어 플랫폼에 발행한 뒤로 의미 있는 유기 도달이 발생하지 않는 시점을 말합니다. 소셜미디어 플랫폼마다 콘텐츠 휘발성에도 차이가 있습니다. 실시간 뉴스피드로 콘텐츠들이 밀려 나가는 페이스북은 콘텐츠 휘발성이 매우 강하고, 콘텐츠 히스토리가 피드에 남는 인스타그램, SEO(검색엔진 최적화)로 검색이 가능한 블로그, 알고리즘이 영상 콘텐츠를 꾸준히 순환시키는 유튜브 같은 플랫폼은 콘텐츠 휘발성이 상대적으로 덜하죠.

페이스북이 강세였을 때는 잘 휘발되더라도 시류를 타는 콘텐츠만 바라보고 생산했습니다. 반짝하고 사라지는 콘텐츠가 유행했죠. 그러나 소셜미디어 주도권이 인스타그램과 유튜브로 옮겨오고 MZ세대 사이에서 블로그 사용자가 다시 늘면서, 이제는 꾸준히 독자가 찾아볼 수 있는 콘텐츠도 필요해졌습니다.

유행을 좇아서 콘텐츠를 기획하는 브랜드도 시간이 흐른 뒤에도 독자들이 찾아서 즐길 수 있을 만큼 수명이 긴 콘텐츠를 기획하고 제작할 필요가 있습니다.

해시태그,
다다익선일까?

해시태그는 고객에게
우리의 위치를 알리는 부표다.

해시태그는 부표입니다. 물 위에 띄워 표지로 삼는 부표처럼 콘텐츠와
연관된 단어를 내용에 끼워넣어서 알고리즘이 '인기 게시물'에 올리거
나 '최신 게시물' 구역에 분류, 배치하게 만드는 역할을 합니다. 그런 해
시태그의 활용법과 적절한 개수를 살펴보면, 일단 원칙은 한 가지입니
다. 곧, 해시태그로 콘텐츠를 설명할 수 있어야 하죠. 콘텐츠와 관련된
키워드로 구성해야 알고리즘이 이 콘텐츠를 제대로 분류하고, 유사한
콘텐츠를 좋아하는 독자들에게 우리 콘텐츠를 추천할 테니까요. 그런
데 적절한 해시태그 개수를 놓고 무조건 많아야 한다는 사람이 있는가
하면, 필요한 만큼이면 된다는 의견도 있습니다. 저는 브랜드 계정의 용

도에 알맞은 해시태그로 10개 내외가 적당하다고 생각합니다.

키워드 강조 ● ●

해시태그가 파란색으로 표기된다는 점을 활용해 특정 단어나 문구를 강조할 수 있습니다. 검색이나 알고리즘의 분류 기준으로 삼는 용도가 아니라, 본문 안에서 단어나 문장의 강약을 시각적으로 표현하기 위해 해시태그를 사용하는 것입니다. 주로, 콘텐츠에서 꼭 강조하고 싶은 정보거나 드립을 적을 때 쓰죠.

검색과는 상관없이 배치하기 때문에 대개 본문 중간에 끼워넣습니다. 그렇다고 해시태그를 남발하면 문장에 '#'이 넘쳐나고, 파란색과 검은색이 뒤섞여 가독성이 떨어집니다. 그렇지 않아도 문장 읽기를 싫어하는 독자들이 가독성 낮은 글을 읽을 리 없죠. 따라서 본문에서 강조하고 싶은 해시태그를 5개 이하로 제한해서 눈길이 갈 수 있게끔 사용하는 것이 현명합니다.

나머지 콘텐츠를 설명하는 해시태그는 본문과 분리해서 작성하거나 대댓글을 이용하는 것이 좋습니다. 본문용과 댓글용으로 해시태그를 나눠 사용하는 방법이죠. 본문에서 강조하고 싶은 해시태그는 사용하되 댓글로 사람들이 검색할 만한 해시태그나 이모티콘을 달고, 댓글의 대댓글로 콘텐츠를 설명하는 해시태그는 숨겨서 달아주면 됩니다.

커뮤니티 해시태그

커뮤니티 해시태그는 콘텐츠와 연관성이 있다기보다 해시태그 자체의 검색 횟수가 많은 해시태그입니다. #일상 #좋아요 #맞팔 #소통, 이런 해시태그를 말하죠. 대개 콘텐츠를 발행하면 그 최상위 카테고리를 커뮤니티 해시태그로 넣습니다. 패션 콘텐츠의 커뮤니티 해시태그라면 #데일리룩 #ootd #옷스타그램 등을 들 수 있습니다. 대분류에 해당하는 단어로 많이 사용하는 키워드 해시태그라고도 할 수 있습니다.

'남들이 즐겨 태그하니까, 우리도 태그한다.'

대개 이런 생각으로 해시태그를 쓰는 사람들 덕분에 커뮤니티 해시태그는 태그된 게시물이 엄청나게 많습니다. 커뮤니티 해시태그를 활용해서 사람들이 많이 보는 카테고리에 우리 콘텐츠를 끼워넣어보자는 속셈인 거죠. 그런데 커뮤니티 해시태그는 많은 사람이 예전이나 지금이나 흔히 사용하기 때문에 그만큼 경쟁이 치열해서 의외로 콘텐츠 노출에 별 도움이 안 될 수도 있습니다.

알고리즘은 해시태그를 기반으로 인식한 콘텐츠를 인기 콘텐츠와 최근 게시물로 분류해서 노출합니다. 인기 게시물로 만드는 공식이 따로 있는 건 아니지만, 인기 게시물이 되려면 짧은 시간 안에 PIS 지수(좋아요, 댓글, 저장, 공유 수치)가 높아야 한다고 알려져 있습니다. 그래서 브랜드 계정 규모가 작다면 인기 게시물 구역에 콘텐츠가 들어갈 확률이 낮습니다. 또한 커뮤니티 해시태그는 사용자가 많아서 끊임없이 쌓입니다. 그래서 세계적으로 많이 쓰는 해시태그를 달면 브랜드 게시물이 발행되자마자 저 아래로 다른 게시물들에 밀려날 수 있습니다. 즉, 브랜드 게시물의 노출도를 높이려고 유명한 커뮤니티 해시태그를 사용하지만 그 효과를 보증할 수는 없습니다.

브랜드 해시태그 • •

브랜드 해시태그는 이름 그대로 브랜드 채널의 정체성을 설명하는 해시태그를 말합니다. 주로 브랜드 콘텐츠의 정보와 연관된 키워드를 해시태그로 활용하는데요. 현재 브랜드 콘셉트를 모아서 브랜드가 선점할 수 있는 고유의 해시태그를 쓰기도 하고, 사람들이 무조건 달고 보는 커뮤니티 해시태그와 달리 브랜드의 브랜딩을 위한 고유한 태그를 사용한다는 점에서 마케팅 도구로도 기능한다고 할 수 있습니다.

　브랜드 해시태그에는 1차적으로 #(브랜드 이름), #(슬로건), #(제품명) 등을 적습니다. 브랜드 이름이나 슬로건만큼 고유한 키워드는 없으니까요. 조금 더 활용하면 #대분류_소분류(예를 들어 #마케팅_콘텐츠마케팅)로 구성해서 카테고리를 만들 수도 있습니다. #계정 이름_키워드(#대학내일_표지모델)와 같이 브랜드 독자가 수월하게 검색하게끔 구성할 수도 있습니다. 이런 키워드를 잘 활용하는 분들이 맛집 또는 여행 큐레이터들인데요. 본인이 제공하는 정보를 지역별, 메뉴별로 분류해 독자들이 원하는 정보를 쉽게 찾을 수 있게 구성합니다. 인플루언서들만큼 브랜드도 충분히 가능합니다. #내일전자_노트북 #내일코스메틱_보습, 이런 방식으로요.

또한 해시태그를 활용해서 #손글씨챌린지 #esg챌린지처럼 브랜드에서 진행하는 특정 챌린지를 모아볼 수도 있습니다. 이런 해시태그를 '캠페인 해시태그'라고도 합니다. 일정 기간만 진행하는 캠페인에 사용하기 때문이죠. 캠페인 해시태그의 장점은 캠페인을 진행하는 동안 이 해시태그를 검색하면 캠페인 참여자를 한눈에 볼 수 있다는 겁니다. 단순히 참여자 수치만 확인하기보다는 브랜드 계정으로 인사를 건네며 자연스럽게 소통을 시도하고 고객관리에 들어가면 더 친근한 브랜드 채널로 거듭날 수 있습니다.

콘텐츠 발행
개수, 시점, 비용은?

광고비를 효율적으로 쓰는
콘텐츠를 만드는 것이 낫다.

"브랜드 콘텐츠를 한 달에 몇 개 발행하면 좋을까요?"

간혹 이런 질문을 받을 때마다 브랜드 담당자들의 강박감과 마주합니다. 브랜드 소셜미디어 채널에서는 브랜드와 연관된 다채로운 콘텐츠를 매일 발행해야만 합니다. 그러나 독자로서는 그런 콘텐츠가 넘쳐나니 그다지 달갑지 않죠. 도리어 브랜드 콘텐츠가 피드에 많이 보일수록 팔로우를 취소할 가능성이 큽니다. 실제로 콘텐츠를 발행할 때마다 브랜드 채널을 이탈하는 팔로워가 있어서 채널을 유지하려고 게시물 참여 광고와 계정 팔로우 광고를 함께 진행하기도 합니다. 그래서 매일 1건 이상이던 예전과 달리, 요즘은 대부분 한 주에 두세 건 발행합니다.

만드는 사람도 완성도를 확보하기에 좋고 보는 이도 부담스럽지 않기 때문이죠.

브랜드 콘텐츠 발행하기에 좋은 시간 ● ●

발행 시점은 독자들이 소셜미디어에 속속 접속하는 시각과 우리 브랜드의 목적이 맞물리는 시간대입니다. 사람들이 소셜미디어에 몰리는 순간은 크게 '이동할 때', '밥 먹을 때', '자기 전'입니다. 시간으로 따지면 출근이나 등교 시간인 아침 7~9시, 점심시간인 11~13시 30분, 퇴근시간인 17시~20시, 자기 전 시간대인 22~00시 30분입니다. 이 중 우리 브랜드 제품의 타깃이 혹할 만한 시간대를 노려 콘텐츠를 발행하는 거죠. 실제로 의류나 화장품 브랜드는 오전 발행을 선호하고, 주류 콘텐츠는 아침보다 퇴근시간대를 반깁니다. 선호하는 시간대가 있다면 피해야 하는 시간대도 있죠. 바로 오후 2~4시입니다. 사람들이 가장 집중해서 무언가를 하고 있을 시기이기 때문에 이때 콘텐츠를 발행하면 생각보다도 더 관심 끌기 어렵습니다.

브랜드 콘텐츠에 적절한 광고 예산

콘텐츠에 광고비를 들이지 않은 채 유기적 도달만으로는 소셜미디어 채널에서 어떤 결과도 기대하기 어려워졌습니다. 광고비는 많을수록 좋습니다. 그래도 이렇게 말하면 애매하니 대략 브랜드 채널 규모에 따라 책정하는 것이 현명합니다. 보통 브랜드 채널 계정의 초기 반응을 확인하기 위해 광고비로 콘텐츠 한 개에 적게는 5~30만 원 정도 배정합니다. 제품 출시나 브랜드의 중요한 이슈를 홍보할 때는 한 게시물에 적게는 몇백만 원, 많게는 몇천만 원까지 광고비를 들이기도 합니다. 사실 광고비는 광고효과가 얼마간 지속하도록 책정하는 것이 중요합니다.

광고 효율도 규모가 1만 이하인 작은 계정과 몇만이 넘는 계정은 다를 수밖에 없습니다. 채널 규모가 커지면 광고 효율은 낮아지고 필요한 광고비는 올라가기 마련이므로, 채널 규모에 맞게 연간 광고 예산을 책정해야 합니다. 이때 광고 유형에 따라서도 광고 성과가 달라집니다. 모든 브랜드가 가장 자주 활용하는 인스타그램을 기준으로 삼으면 크게 참여 광고, 도달 광고, 트래픽 광고로 나눌 수 있습니다.

게시물 참여 광고

발행한 콘텐츠 게시물에 좋아요, 댓글, 저장, 공유 개수인 PIS 지수를 확보하기 위해 집행하는 광고입니다. 콘텐츠를 발행하고 나면 유기적으로 독자들에게 노출되는 빈도가 낮고 시간은 매우 짧습니다. 그래서 독자 반응과, 한 장짜리 낱장 이미지 콘텐츠나 영상 콘텐츠의 PIS 지수를 확보하기 위해 흔히 이 광고를 활용합니다. 다만, 여러 이미지로 구성해서 슬라이드 형태로 발행하는 캐러셀 콘텐츠에는 게시물 참여 광고를 시도할 수 없습니다. 이런 콘텐츠에는 게시물 도달 광고를 집행하는데요. 참여 광고가 아니기 때문에 콘텐츠가 도달하는 범위는 넓지만 독자 반응은 떨어집니다.

게시물 도달 광고

광고 목표가 채널에 있는 수많은 사람에게 도달하는 것이라면 이 광고가 적합합니다. 게시물 참여 광고를 시도할 수 없는 슬라이드형 콘텐츠에 도달 광고 세팅이 가능합니다. 콘텐츠 참여도와 도달 중 브랜드가 원하는 방향으로 광고를 세팅하는 것이 정답이지만, 게시물 반응 지수를 주요 성과지표로 여기는 요즘은 게시물 참여 광고를 더 많이 집행하는 추세입니다.

트래픽 광고

'더 알아보기' 버튼을 콘텐츠 하단에 배치해 누르면 관련 페이지로 이동하게끔 유도하는 광고입니다. 앱 설치를 유도하거나 할인 또는 구매 페이지로 바로 끌어들이는 것처럼 목적이 아주 뚜렷할 때 활용합니다. 실제 판매량과 앱 다운로드로까지 이어졌는지 확인하기는 어렵지만, 해당 광고를 거쳐 들어온 독자 수는 알 수 있습니다. 이런 트래픽 광고는 단일 이미지 콘텐츠와 여러 장으로 구성된 슬라이드형 콘텐츠에 모두 가능합니다. 목적이 뚜렷한 만큼 콘텐츠 메시지가 직설적이어서 광고 효율이 낮고, 고객 반응을 얻기도 힘들며, 콘텐츠 참여도도 기대하기 어렵습니다. 광고 도달 범위도 도달 광고보다 좁다는 한계가 있습니다.

단어 수집 생활

좋은 단어를 모으는 습관으로
어휘력의 풍족함 느끼기

한 사람의 지적 능력을 파악하는 기준이 있다면, 바로 어휘력이라고 생각합니다. 콘텐츠 카피라이팅은 적절한 단어를 넣고 빼고 조합해서 짧고 담백한 문장으로 다듬는 일이다 보니, 유행하는 어휘는 물론 희귀해서 눈길을 사로잡는 단어를 알수록 든든합니다. 그러나 소셜미디어 콘텐츠에 사용된 단어나 문장은 그저 웃기고 싶거나, 젠체하고 싶거나, 노골적으로 홍보하려고 동원된 표현이기에 품격 있는 어휘가 아닐 확률이 높습니다. 그래서인지 브랜드 소셜미디어 채널에 올리는 콘텐츠를 제작하는 일을 하면서, 좋은 글로 채워진 책을 찾아 읽는 노력을 하지 않으면 자연스럽게 문해력이나 어휘력이 떨어지는 경험을 합니다.

아이러니하게도 소셜미디어 콘텐츠 기획자일수록 소셜미디어에서 일정 시간 벗어나 책 속으로 들어가야 합니다. 소셜미디어에서 수집할 수 있는 표현들은 기발하거나 유쾌하지만, 품격 있는 단어로 여러분의 어휘력을 풍성하게 가꿔주지 못합니다. 재미있는 말을 잘하는 센스는 소셜미디어에서 키울 수 있지만, 브랜드를 돋보이게 하는 카피라이팅 감각은 세련된 단어를 수집하는 일에서 출발합니다.

특히 스토리텔링 콘텐츠를 잘 만들려면 문장을 보고 내용을 상상하는 능력이 필요한데, 문학을 읽으면 이런 능력을 키울 수 있습니다. 영상은 직관적으로 콘텐츠를 받아들이게 해주지만 상상의 여지를 빼앗기 때문에 무언가를 이해하기에 좋은 수단이 될지언정 상상력을 키우는 데는 글만 못합니다.

서점을 방문하거나 전자책 단말기를 켜고 책을 다시 펼쳐 읽기 바랍니다. 소셜미디어 콘텐츠를 만드는 사람일수록 담백한 단어와 문장을 보충해야 합니다. 소셜미디어 콘텐츠를 기획한다고 소셜미디어 채널 콘텐츠만 수집하면 어느새 편협해진 어휘력으로 식상한 말밖에 쓸 수 없게 됩니다.

표현의 온도

콘텐츠에 들어갈 카피를 작성할 때 저는 단어가 지닌 범위, 깊이, 온도 등을 생각합니다. 단어나 표현은 저마다 온도를 품고 있습니다. '경고'라는 단어는 뜨겁고 '주의'는 그보다 덜하게 느껴지죠. '넵, 네, 넹, 네, 네네'는 모두 수긍의 뜻을 담은 응답이지만, 다 다른 의미로 받아들여집니다. 이처럼 표현의 온도를 잘 파악해서 수집하면 더욱 눈길을 사로잡는 카피를 쓸 수 있습니다. 언어의 온도 감수성을 높이는 일. 이 능력의 차이가 일반인과 카피라이터의 차이를 만들지 않을까 싶습니다.

다만, 영어단어를 억지로 외울 때처럼 국어사전을 펴고 모르는 단어를 무작정 익히라는 건 아닙니다. 수집은 예기치 않은 순간 마주쳤을 때 바로 메모하면서 늘 하는 겁니다. 본인에게 가장 편한 방법으로요. 저는 기본 메모장 어플로 단어를 수집하는데, 쓰기에 좋은 문장과 남이 듣기에 좋은 문장 등을 구분합니다. 밈을 발견한 시점을 기록해서 대략 수명을 예측해보기도 합니다. 제가 단어 수집하는 방법을 예시로 남겨둘 테니, 참고해보세요.

오히려 좋아

- 감탄사 / 난이도 쉬움 / 어원 : 침착맨(유튜버) / 대중적인 밈
- 앞서 좋지 않은 일을 겪었는데도 상황을 긍정적으로 인식하는 표현

자몽하다

- 한자어 / 난이도 어려움 / 한자표기 : 自懜(스스로 자, 어리석을 몽) / 알려지지

  않은 표현

- 정신이 흐릿할 정도로 조는 상태

[메인 소재] + 근데 이제 ~을 곁들인?

- 밈 / 난이도 쉬움 / 어원 : 마셰코 최강록 셰프 (휴먼강록체) / 널리 알려진

  표현

- 원문 : 제목은 고추장 닭날개 조림으로 하겠습니다. 근데 이제 바질을 곁

  들인

- 최강록 바질을 검색하면 히스토리 확인 가능

나오며

손가락이 간지러운
마디터를 위해

책을 쓰기로 결심했을 때 '사수도 없이 일하는 콘텐츠 마케터를 위해 내가 아는 내용을 다 담겠다!'라고 투명한 유리구슬 같은 사명감이 불쑥 떠오른 건 아니었습니다. 솔직히 책 중반에 이르렀을 즈음에는 '내가 왜 이걸 쓴다고 했지?' 하면서 짧은 후회를 한 적도 있습니다. 한 달 넘게 같은 페이지를 썼다 지웠다 하며 반복하기도 했고요. 엉킨 실타래처럼 풀리지 않는 고민을 거듭하며 엮어온 원고가 그렇게 2년 동안 쌓였고 이렇게 책으로 묶였네요. 감회가 새롭습니다. 이 책을 쓰느라 가장 많이 고생한 나 자신부터 칭찬해주고 싶어요(농담입니다).

책이 출간될 때까지 지난 시간을 돌이켜보니 인내와 응원으로 끝까지 책을 마무리할 수 있게 도와준 분들이 머릿속에 떠오릅니다. 어머니

책장에는 제가 참여해 제 이름이 박힌 책들이 놓여 있습니다. 이를테면 고교 시절 만든 학보, 학부 시절 제작한 교지, 《대학내일》 학생기자로 활동하며 이름을 올린 잡지 들입니다. 어머니에게는 나름 컬렉션인 그 책들 사이에 새로운 자리를 하나 만들어두시라 연락드릴 생각을 하니 벌써부터 설렙니다.

완성되기 전 이 책의 첫 독자이자 곁에서 늘 꾸준함의 미학을 실천으로 보여준 동반자 김소연 님에게도 마음을 담아 한 부 선물해야겠습니다. 또 아무것도 모르던 제가 이만큼 성장할 수 있도록 큰 기회를 마련해주고 응원해준 친정회사와 동료들, 제가 보낸 출간 제안 메일과 강의안 하나만 보고 여태 함께해준 아시아출판사 방호준 대표님까지 이 책을 계기로 감사한 분이 제 주변에 이렇게 많다는 생각에 마음이 몽글몽글해집니다. 이 기회를 빌어 제게 영감과 응원과 조언을 아끼지 않았던 모든 분에게 감사의 마음을 전하고 싶습니다.

저는 콘텐츠 만드는 일을 하면서 아이디어나 좋은 카피가 떠올랐을 때 밀려드는 손가락이 간지러운 느낌을 좋아합니다. 가볍게 떨린다고 할까요? 뭔가 새로운 것을 만들어낼 것만 같고, 이 콘텐츠가 어떤 브랜드 채널에 발행되어 사람들에게 어떤 반응을 얻을지 궁금해서 어서 자판을 두드리고 싶어지거든요. 물론 영감이 시와 때를 맞춰 오지는 않았지만, 저는 항상 그 느낌이 좋았어요. 즐거웠습니다. 영감이 오기를 바라면서, 키보드 위에서 검지와 중지를 번갈아 흔들고 타자 치는 흉내를 내며 손가락을 푸는 나름의 의식도 재미있었고요. 이 기분을 여러분도 느껴보면 좋겠습니다. 좋은 아이디어가 떠올라서 급히 스마트폰을 꺼내 적고, 읽은 걸 써먹기 위해 기획안을 쓰고 싶어 손가락이 간질거리는 그 느낌 말입니다. 물론 쉽지는 않겠죠. 콘텐츠 기획과 카피라이팅은 아무 말이든 쓰고 정리하며 영감으로 빚어내는 꽤 지난한 일이니까요. 하지만 쓰고 고치고 다듬으며 최선을 다해야만 하는 피로한 일의 끝에, 저는 이 책을 다 읽은 여러분이 멋진 콘텐츠를 만들어내는 콘텐츠 기획자로 성장한 모습이 보이는 것만 같습니다.

만약 여러분이 책을 다 읽고 궁금한 점이 있다면, 제 인스타그램 ID @jumerny로 DM을 보내주세요. 제가 아는 범위에서 답변하겠습니다. 만약 이 책이 마음에 들었다면, 저를 태그해서 스토리에 올려주세요. 여러분의 태그를 기다리며 제 스토리에 추가할 여러분의 후기가 당분간 가장 큰 제 삶의 낙이 될 듯싶습니다. 모쪼록 오늘도 마케팅과 에디팅에 전념하는 여러분에게 이 책이 도움이 되기를 바랍니다. 늘 적게 고민하고 더 많이 써보세요. 그리고 가능하면 빨리 퇴근하기 바랍니다.

2023년 11월 어느 날
서준원

누구나 만들 수 있지만
아무나 못 만드는 것,
바로 콘텐츠입니다.

훅 끌어당기는 콘텐츠 마케팅

ⓒ 서준원

2023년 11월 30일 초판 1쇄 발행
2024년 7월 5일 초판 2쇄 발행

지은이 서준원
펴낸이 김재범
펴낸곳 (주)아시아
출판등록 2006년 1월 27일 제406-2006-000004호
전화 02-3280-5058
주소 경기도 파주시 회동길 445 (서울 사무소: 서울특별시 동작구 서달로 161-1, 3층)
전자우편 bookasia@hanmail.net

ISBN 979-11-5662-383-0 03320